快演讲
四步成就演讲奇迹

陈飞◎著

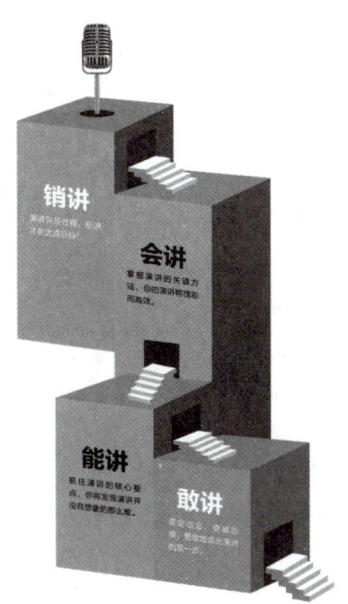

地震出版社
Seismological Press

图书在版编目（CIP）数据

快演讲：四步成就演讲奇迹 / 陈飞著. —北京：
地震出版社，2022.11
ISBN 978-7-5028-5442-3

Ⅰ.①快… Ⅱ.①陈… Ⅲ.①演讲—语言艺术—通俗读物
Ⅳ.①H019-49

中国版本图书馆CIP数据核字（2022）第055378号

地震版　XM5009/H（6260）

快演讲：四步成就演讲奇迹

陈飞　著

责任编辑：李肖寅
责任校对：凌　樱

出版发行：地震出版社
　　　　　北京市海淀区民族大学南路9号　　邮编：100081
　　　　　发行部：68423031　68467991　　传真：68467991
　　　　　总编办：68462709　68423029
　　　　　编辑四部：68467963
　　　　　E-mail：seis@mailbox.rol.cn.net
　　　　　http://seismologicalpress.com
经销：全国各地新华书店
印刷：三河市九洲财鑫印刷有限公司

版（印）次：2022年11月第一版　2022年11月第一次印刷
开本：710×1000　　1/16
字数：216千字
印张：15
书号：ISBN 978-7-5028-5442-3
定价：58.00元

版权所有　翻印必究
（图书出现印装问题，本社负责调换）

序

很多人认为公众演讲的舞台是天堂和地狱的分界线，演讲成功就代表着光辉荣耀，演讲失败即会堕入万丈深渊。其实演讲并不复杂，我们所见所听的大多数演讲都是非常简单的，只是大多数人不知道如何才能做好一次演讲，不理解它的结构和逻辑。

在从事演讲和教育工作的这些年，我做过很多演讲，也听过很多演讲，门下很多弟子都已经成为国内外知名的演讲家，经常会有听众问我有没有学习演讲的好书推荐，可以快速提升演讲能力。我的确读过不少书，因为作为一个演讲家最重要的是要有学问，足够的知识沉淀是演讲的基础，如果想仅靠一本书就能成就某一项能力，甚至改变自己的命运，我认为那是不现实的。

我和陈飞认识的时间不长，但我听过很多次他的演讲，作为年轻一代的演讲专家，他是非常杰出的。他是一个有使命感的年轻人，实事求是，不夸张，不虚浮，演讲时的节奏和现场驾驭能力非常好。他讲话和为人处世的作风给人的感觉很正派，忠诚于听众，忠诚于自己的事业。他身上有一种强大的力量，可以团结更多人。一个演讲者一定要有这种品格，他如此年轻就做到了，实乃后生可畏。功夫不负有心人，我相信他只要用心，未来的道路一定会非常广阔。在演讲教育这条道路上，他是一颗新星，用他智慧的光芒照耀着无数人前进的道路。

我今年已经 87 岁了，前半生交给了国家，后半生交给了教育事业，这是一种责任、一种担当、一种使命。我想为人类文明再做点贡献，但人已到耄耋之年，很多事力不从心。结识陈飞，是非常开心以及欣慰的一件事，我能从他身上看到中国年青一代教育工作者的希望，继承我们老一辈的使命，为人类文明再做出卓越贡献。长江后浪推前浪，我相信他一定能后来居上，未来不可限量！

今天，他完成了自己第一部著作《快演讲：四步成就演讲奇迹》，对一个教育工作者来说，第一部作品往往是他最重视、最呕心沥血的作品，因为这是他将生命智慧传递给广大读者的第一块敲门砖。我有幸先睹为快，这是他 6 年演讲教育经历孕育出的作品，我深感这是一部非常值得向广大读者推荐的佳作，是一部有利于开发演说智慧、成就价值人生的好书。

我倾力推荐这本书，它有思想、有哲理、有意境、有创新，新颖幽默的写作手法让读者在趣味盎然的阅读过程中，与作者产生思想的碰撞，生发出智慧的火花，领略智慧演说的真谛。

演讲家　彭清一

前言

如今的我，在他人眼里是一名出色的演讲师，有着无量的前途，仿佛有一个富有的父亲、出生在一个优秀的家庭中是理所当然的事。但我的成长经历并不像人们想象的那样。

我出生在农村，家里比较穷。我小时候是与爷爷奶奶生活在一起的，我上小学三年级时父母才从山西回来。为了生活，父亲选择了一份比较危险的工作——挖煤。

我没有上过幼儿园，上小学一二年级时是跟叔叔伯伯家的孩子一起上的。有一个细节让我至今记忆犹新——一本字典才两块钱，但我买不起。堂哥堂姐用过的一本已经破得不成样子的字典，被我用胶带粘好，一直用到小学毕业。

上小学的时候是没有早餐吃的，我瘦得简直是皮包骨头。上初中的时候需要住校，一个星期只有几块钱生活费，父母要从家里拿着面粉交到学校里我才能有饭吃。初二的时候，家里的条件稍微好转，我一个星期有12块钱生活费，那时候能吃上泡面就觉得很幸福了。因为营养跟不上，初中毕业时我的身高只有1.47米，还得了肠胃疾病。

高中时，论成绩我应该可以上一个不错的学校，但因为家里的条件不好，只能选择一个离我们家近、不用住校的普通学校。高中的时候，我的个子才长起来。

也是在那个时候，我有了一个想法：长大一定要当老板，赚很多的钱，让家人过上好日子。当时我想：那么多有钱的人为什么不支持一下贫穷的人呢？那时候很单纯。

高三的时候，我想当老板的想法越来越强烈，为了以后能够考一个好的大学，我想学点什么，就参加了一个播音主持的艺考，到省城学了三个月的时间。5000元的学费对一个农村家庭来说可算得上是天文数字了，但父母给我出了这笔学费。而这三个月的学习对我人生的成长起到了很大的帮助作用。

高考时，按成绩我是可以上一所"三本"大学的，但一学期一万多块钱的学费家里不可能负担得起，也有一些同学选择了复读，第二年就考上了不错的大学。但我还是选择了一所专科学校，我有一个想法，就是"宁当鸡头不当凤尾"，既然自己选择这条路了就应该走下去。我就在学校里给老师帮忙、给同学帮忙。

一个从来没有感受过大城市生活的农村孩子，一直生活在一个贫穷的地方，别人玩的东西我连见都没见过，想想自己以前真是过得太苦了。但我努力参与社会活动，参与大学生活，成为学生会主席，负责组织整个机械系的业余活动。推销平安符、电话卡，以及其他兼职，我都干过。大三的时候，我参与了电信推销，做成一单有几分钱的收入，我跑了二三百家门店去推销，后来又开始推销宽带。在这个过程中，我发现，只要你想做，靠自己的努力就一定可以赚取财富。

大学三年，我的学费及生活费只有第一年是由父母出的，后面两年就是自己赚取的了。

推销宽带，我一干就是一年多，虽然赚到了一些钱，但我认为自己的生活不应止于此，我想寻求更大的发展。于是我约上几个同学一起到了青岛，在这里我们看到了许多加工类的小企业，受到了启发，我就想回去把自己家的房子改造成小作坊，但父母坚决反对。于是，我给了父母10000块钱，自己带了5000块钱跑到北京，在北京待了十多天。宾馆消费太高，我就找了个一天50块钱的小旅店，后来还是觉得贵，就在网吧里过夜了。

然后想到北京是政治中心，上海是经济中心，所以我又去了上海，开始自己真正的创业之路。

刚到上海时，我就开始找工作、投简历。当时我找工作的想法有三个，第一是让自己快速成长，第二是快速打下未来的基础，第三是把握好上海学习氛围非常浓的机遇。我告诉自己：不要轻易选择，既然选择了就不轻言放弃。后来我找到一个教育培训机构，从一线销售员干起，只用半年的时间就做到了项目经理，然后又一直做到了高层管理者。那时我的心里有了一个声音：我要获取更大的成就。培训机构的平台已经支撑不了这个梦想了。

我在上海工作的时候就在心里告诉自己：你不是一个普通的打工者，你是公司的合伙人。这种信念为我将来的演说事业打下了最坚实的基础。

每当看到有些老师在台上风光地演说，台下的人都很崇拜他，我就在心里对自己说：我也要这样！抱着一种尝试的心态，我从主持公司的早会开始练习，再到主持研讨会，公司里的大小活动都是我来主持的，我觉得自己的演说技巧越来越熟练了，我认为自己在演说舞台可以有未来。

后来我又开始给一些企业老板做免费演说培训，他们的反映是"这个老师很诚实、很有魅力"。再后来我可以开课了，并单独开始演说了，我感觉自己在演说舞台上是有很大潜力的，觉得自己在演说舞台上越来越自如，也把演讲当成一生的事业。

这就是我，一个"90后"演说者的成长经历。

CONTENTS 目 录

步骤一 敢 讲

第一章 突破自我：克服演讲的恐惧心理

谁都会有第一次，第一次当众讲话都会紧张、恐惧，甚至语无伦次。哪怕是著名的演说家和政治领袖，在某些特定的场合，也难免会紧张、恐惧。怎样才能克服演讲恐惧呢？

- 004　正视恐惧：每个上台演讲的人都会有恐惧感
- 007　心中有数：公众演讲怯场的表现形式和应对方法
- 011　气定神闲：适度的恐惧感反而于你有利
- 014　战胜恐惧：化解恐惧心理的策略和技巧
- 017　放松心态：先丢脸才能长脸，敢出丑才能成长

第二章 增强自信：展现你的迷人魅力

当我们走上演讲台，怎样才能做到"化渺小为伟大，化平庸为神奇"？那就要靠自信。相信自己的力量，确信自己这次演说一定能够感动台下所有的听众，坚信自己有力量、有能力去实现这个目标。

- 022　价值展现：坚信自己的演讲能给听众提供帮助
- 024　形象设计：居高临下，保持优越感
- 025　相信自己：我的故事精彩到无与伦比
- 027　厚积薄发：注重平时积累，轻松应对挑战
- 030　不断历练：原来演讲如此轻松
- 032　坚定信念：我就是要做一流的演说家

步骤二 能 讲

第三章 精彩开场：一上场就抓住听众的心

文章开头最难写，同样，演讲的开场也是最难把握的。如何用三言两语抓住听众的心呢？只有新颖、有趣味、匠心独运的开场才能给听众留下深刻印象，从而为接下来的演讲搭建通向成功的桥梁。

- 038　开门见山：一句话引起听众最大兴趣
- 041　幽默风趣：先娱乐活跃气氛，再开讲
- 044　出场设计：宁可夸张，切忌平淡
- 047　个性创意：不走寻常路
- 050　巧妙铺垫：声情并茂的四个技巧
- 052　设置悬念：调动听众急于知道答案的心理

第四章 演讲主体：以充实的内容吸引听众

有些演讲者之所以得不到听众的认可，最主要的原因是没有满足听众的内心需求。演讲的立足点和出发点是确立主题的最佳方法，是演讲成功的基石。在演讲过程中穿插一些小故事，是一场成功演讲的点睛之笔。

- 056　投其所好：引爆听众的兴趣点
- 058　有的放矢：根据听众情况设计演讲内容
- 061　有的放矢：对思想主题进行准确的表达
- 064　现身说法：以亲身经历引起听众共鸣
- 067　巧妙引导：让听众跟随你的指挥棒转
- 070　设计情境：用小故事来助推演讲高潮

第五章 余音绕梁：别样的演讲结尾耐人寻味

"编筐编篓，重在收口；描龙画凤，难在点睛。"演讲的成败在相当程度上取决于演讲的结尾。如果演讲者设计的演讲开头和高潮很精彩，一个出人意料、耐人寻味的好结尾，就会锦上添花，给听众带来一种精神上的愉悦和满足。

074	重视结尾：给听众留下最后的印象
076	耐人寻味：余音缭绕，令人感奋向前
079	戛然而止：最好的演讲结尾是在听众意犹未尽时打住
082	借用权威：进一步丰富和深化演讲主题
085	送上祝福：使听众温暖如春

第六章 带动气氛：演说互动的基本招式

一场能够让听众津津乐道的演讲应具有这样的特点——演讲轻松流畅，听众积极互动。缺少互动，再精彩的内容也会出现"单向传输"的沉闷景象。

088	借助游戏：迅速拉近与听众之间的距离
091	问对问题：保证提问得到肯定的回答
094	充当顾问：详细解答，专业服务
096	跟听众握手：进行肢体互动
099	创造场景：让听众之间进行友好互动
101	听众咨询：多问、多听、多引导

步骤三 会 讲

第七章 抑扬顿挫：让多变的声音提升你的语言魅力

有感染力的声音拥有特别丰富而且准确的情感，它有内在呈现和外在呈现，这是以情带气、以情带息的结果。人与人之间的表达会产生共鸣，会有互动，你的声音、你的表达能让听众想起什么。声音是人类自然天成的乐器，美与不美就看你如何把握和驾驭。

106	适时停顿：留给听众一个发挥想象的空间
108	快慢节奏：让情感表达收放自如
110	加重语气：强调鲜明的立场
113	音调转换：把故事讲得更加生动

第八章 举手投足：运用肢体语言展现演讲魔力

你会运用肢体语言进行演讲吗？演讲时运用肢体语言有什么技巧？出色的演说者站到台上的时候，会把热情表现得淋漓尽致。他的气场像旋涡一样有力，他的肢体语言无一不展现出权威、信心和能量。

- 118　始终微笑：向对方传达"见到你真好"的信息
- 120　表情丰富：建立自己的气场和权威
- 122　多变眼神：增强眼睛交流的魅力
- 125　调整身体模式：以丰富的姿态感染听众
- 127　附加手势：让演讲更具引导性魔力

第九章 精心设计：让你的演讲更具吸引力

演讲是需要技巧的。如何让你的演讲与听众发生共鸣？抓住听众、与听众互动、用真情实感、即兴发挥、有效控场……虽然这些建议不能让你马上成为一位杰出的演讲师，但它们能让你的演讲水平更上一层楼。

- 132　观点简明：说自己的名言，让语言有力量
- 134　抓住听众：搞气派不如搞气氛
- 137　听众互动：独乐乐不如众乐乐
- 139　真情实感：未成曲调先有情
- 143　即兴发挥：让听众有参与感地回应
- 146　有效控场：你的地盘你做主

第十章 深入人心：让你的演讲更具说服力

演讲中，怎样深入人心，让你的演讲更具说服力呢？方法是多种多样的。其中将一些不同类型、不同内容、不同性质的技巧组合在一起来证明自己的见解、观点或者思想，不失为一种事半功倍的好方法。

- 150　耐心引导：带听众了解演讲流程

| 152 | 循序渐进：简化演讲内容
| 154 | 巧用比喻：用鲜活的形象打动听众
| 156 | 设置悬念：充分吊起听众的胃口
| 159 | 语言生动：恰当的措辞让每句话更有力量
| 162 | 适当重复：强化你最想让观众感知的内容

步骤四 销 讲

第十一章 言之有物：设计高效销售演讲稿

销售演讲，行业内简称销讲，主要用于为销售领域的从业人员做演讲。销讲全凭演讲者娴熟的表达能力和出色的演讲经验以及懂得怎样抓住演讲的主题和关键，达到较高的顾客满意度，让顾客得到各方面的实惠。

| 168 | 总结现象：了解客户现在的状况
| 171 | 内容为王：为客户提供具体的解决方案
| 174 | 指出问题：挖掘需求，扩大痛苦
| 178 | 使用道具：看得见的演讲更精彩

第十二章 销售策略：不卖产品卖欲望

脑洞大开的营销人员都不会错过一波宣传，其实只要你善于观察和发现，就会知道每一次宣传的本质都是类似的。想要将自己的产品或服务推广出去，就要学会这一点，销售的策略就是让客户觉得你不是在卖产品，而是在卖欲望。

| 182 | 极致体验：将听众引入消费场景里去
| 185 | 制造诱惑：不是卖牛肉，而是卖"嘶嘶声"
| 187 | 放大痛点：激发消费欲望
| 190 | 限量提供："稀缺效应"激发占有欲
| 192 | 量身打造：只此一家，别无分店

第十三章 找出要点：巧妙解除客户的拒绝

是什么让你的销售生涯产生翻天覆地的变化？现在让我们学一学在解除顾客拒绝的时候可用哪些巧妙的方法。这些能够立刻化解顾客拒绝的方法，你掌握得越多，越能够快速成交。

196　　判断真假：判断客户的拒绝是真的还是在搪塞
199　　确认抗拒点：找到可替代的解决方案
202　　测试成交：假如……你愿意成交吗
205　　理解+解释：先理解客户，后提供方案
208　　继续成交：当客户认同你的解释就可要求他成交

211　　后　记

213　　附　录

步骤一

敢 讲

第一章

突破自我：
克服演讲的恐惧心理

　　谁都会有第一次，第一次当众讲话都会紧张、恐惧，甚至语无伦次。哪怕是著名的演说家和政治领袖，在某些特定的场合，也难免会紧张、恐惧。怎样才能克服演讲恐惧呢？

正视恐惧：每个上台演讲的人都会有恐惧感

你恐惧什么，你就去做什么。

有些人是这样的：当只有他一个人的时候，他对明天要干什么事或接下来要干什么都思考得井然有序，但要让他在大众面前把心里的这些想法都表达出来的时候，他的头脑中却是一片空白，甚至全身发抖，无法说出自己想说的话，心里还会有恐惧感。

这种性格是人的一个很大的缺点，它会导致社交或个人的成长都无法顺利进行，尤其对一家企业的老板而言，如果你无法把公司的战略规划在公司员工大会上清晰地表达出来，员工们如何知道公司下一步的发展方向是什么呢？他们不知道自己应该怎样干，这样公司如何能有大发展？

> 我的学员中有一个内衣企业的老板，他一上台两条腿都是抖的，手里拿着话筒勉强站一会儿，说不了几句就下台了。
>
> 我给他剖析时，问他为什么会出现这样的状况。他仔细回忆，觉得这源于自己读书时代留下的阴影：当着许多同学讲话有时候会讲错，大家都取笑他，所以导致对上台讲话抱有恐惧的心理。根源找到了，接下来就是解决问题。我问他，你最怕上台讲话时遇到什么情况？他表示最怕别人笑话他。我就对他说："没事儿，被笑话就被笑话，你慢慢就会习惯，逃避不是办法。"针对他的情况，我上课时不断给他创造上台的机会，后来他发现自己其实还是很会讲话的。

没有任何一个人是天生的公众演讲家。想获得自信、勇气和面对公众发表演讲时清晰思考的能力，以及学会在演讲时保持冷静，并不像大多数人所想象的那么困难，甚至可能不到想象中十分之一的困难。

我来自农村，我的出生及成长环境注定我养成了不善言谈、自卑内向的性格，别说上台讲话，就连日常和人沟通有时都有障碍，而今天我可以站上千人舞台滔滔不绝、侃侃而谈。有学员很好奇，问我是怎么做到的。其实每个人对当众讲话都是充满恐惧的，因为我敢于正视恐惧、直面恐惧，恐惧就消失了。

我还有一个学员，同样一上台就紧张。他紧张的原因是缺乏自信，他一直觉得自己讲话的内容不好，别人不会听他讲。我就问他："你最擅长什么？"他说自己的书法很棒。我说："很好，这是你的爱好，那在工作中，作为一名老总，你最擅长做什么？"他想了想，说是和员工一对一谈心。于是我让他先在课堂上为大家讲解自己喜欢的书法，然后教他保持这种状态去讲别的东西，渐渐地，他克服了自己的恐惧，敢在学员们面前讲话了。课程结束后他回到公司，每次跟员工讲话时都试着想象在座的所有人都在听他讲话，他从对书法方面的理解和认识讲起，这些是大多数人不了解的，他讲得越来越流畅，气场也越来越强大。

其实，人类在沟通情感、表达想法的过程中有两种语言，一种是文字语言，比如"我想去北京"，写在一张纸上，别人一看能明白你要去哪里；另一种是声像语言，就是用我们的口说出来，比如告诉人家"我想去北京"，别人也能了解我们的意图。也就是说，演讲不过是把你心里的想法表达出来，没什么可怕的。谁都希望自己能够成为更受重视的人，这是人的本性中最基本的需求。

能够在大众面前发表演讲，把自己的真实意图表达出来，听众会有很热烈的表现，而你也会感到自己是个了不起的人物。有了自我改善的想法后，学员已经能感受到其实事情并不像自己想象中的那么糟糕，再加上老师给予的评价和正面引导，学员很快就会克服这种演讲恐惧心理了。

有一个学员在沟通方面存在极大的障碍，一与别人说话就脸

> 上冒汗，也不敢正眼注视对方，就跟做了对不起对方的事一样。后来我才知道这个学员和我一样，也来自农村。他从小就是那种比较木讷的人，但父母对他期望很高。高中时，他的成绩很优秀，在班里一直是前三名，最不好的时候也没有跌出过前五名，可他高考失败了，没有考上名牌大学，仅考取了"二本"大学。看着父母失望的眼神，他产生了无法言说的自责感，觉得辜负了父母的期望，自己很没用。随着时间的推移，这种意识越来越强烈，后来竟然发展到与别人面对面说话就感到浑身不自在，不敢正视对方，还一个劲儿地脸红、神情慌张、全身冒汗等。

他的这种表现就是"社交恐惧症"，是一种常见的心理疾病。这类人大多都把自己的弱点放大了，主观要求过高，存在极强的完美主义思想，只要事情完成得不是尽善尽美，就会感到非常痛苦。要克服这种社交恐惧症，平时就要与人多接触，多参加社会活动。

我的许多学员是企业老板或成功人士，由于在专业领域内已具备出色成就，他们对自己当众演讲的期望很高，想表现得与众不同，而这恰恰成了他们正常发挥的障碍，使他们对演讲产生了恐惧心理。演讲水平与专业才能和谐统一的要素就是多听、多想、多观察，多在大众面前开口表达，锻炼自己。

爱默生曾经说过："恐惧较之世上任何事物更能击溃人类。"思想对一个人是非常重要的，思想可以塑造人。改变思想就可以改变人生。消除恐惧与不自信，在公共场合练习说话无疑是最有效的方法，当众说话不仅可以克服不自信的心理，而且对完整、完美地表达出自己的想法有很大的帮助，还可以改变自己恐惧的心理。

我在课程中也不断地强调，成功演讲的关键在于训练和实战，有机会就要敢于上台，因为敢讲比会讲更重要。没机会要为自己创造机会，要敢于在员工、客户、朋友面前开口，每一次开口都是在为你消除演讲恐惧而做铺垫。

心中有数：公众演讲怯场的表现形式和应对方法

上过台的人都知道，刚开始演讲的时候没有几个人能够平静地站到演讲台上，讲话的时候总感觉如鲠在喉，心中纵有千言万语却往往讲不出几句完整的话。出现这种情况的演讲者，心中总是不停地打着小鼓：我能把自己想说的话说出来吗？听众会不会不喜欢我呀？我会不会把演讲的内容全部忘记了……这种在台上思前想后的情况就叫作怯场。

出现这种情况的原因很多，也因人而异，但大多数人都会有以下几个问题。

1. 缺乏自信

这是出现怯场现象的最主要原因。当你做一件事情的时候，如果心里没有底气，不管做的是件什么事情，成功的概率往往都很低。演讲也是一样，大多数人很难百分百发挥出自己想达到的水平，就像第一次约会一样，事后又会对自己彼时不恰当的表现后悔不已。当站到讲台上面对那么多的听众，本来就缺乏自信的人更不知道如何表达了。

2. 面对高地位的听众害怕出错

如果自己仅是公司的普通员工，而面对的听众是公司的老总、经理一级的人物，你的心里自然会有这样的想法：他们都是公司的大人物，我讲话可不能出现一点错误。越是抱着这样的求全心理，越容易紧张，出错的情况反而更多。

3. 面对大量的听众担心失误

大多数人面对一个或两三个人时，讲话讲得头头是道，但如果面对几十、几百、几千人讲话时便失去了以往的镇定自若，总担心一旦自己出现错误或说错一句话会在这么多人面前闹笑话，过分的担心也增加了怯场可能出现的概率和严重程度。

4. 面对陌生的听众加重紧张心理

许多人在家人、亲朋好友、同事面前讲起话来滔滔不绝，面对陌生人时却一句话也讲不出来，即使勉强讲了也没有在熟人面前讲得那么顺畅，甚至会紧张得几乎讲不完整一件简单的事情。他们之所以紧张，是因为自己对听众一无所知，而听众却能够在很短的时间内对自己了如指掌。我课堂上的学员来自五湖四海，从事各种职业，"在陌生人面前从容表达"是我对学员的期待，也是我努力的方向。毕竟，学员们以后要不断开展新业务，势必面对陌生的客户和客户群体，只有让他们先消除自己的陌生感，才能侃侃而谈。

5. 过分在意听众的表现

如果你在台上讲话，听众在台下打瞌睡甚至小声议论，或者站起来当众质疑你，你就会出现忧虑，演讲进行不下去。如果你知道大多数听众的想法和你的想法是一样的，那你就会信心十足地讲下去。

有时我在课堂上会故意设计一些障碍环节，就是为了能让学员放下顾虑，大胆往下讲。

6. 担心演讲准备不足

有些人属于完美主义者，不管干什么事总是追求完美、完美再完美，即使两分钟后就该登台演讲了，还在担心自己的演讲稿有一处准备得不是很充分，觉得自己可能出现意想不到的错误，这种过度追求完美的心态很可能害了他们。

上面分析了造成怯场的六种主要原因，下面是几种解决方法。

第一，充分准备。

充分的准备不是让你逐字逐句地去将演讲稿背诵下来，花费很多精力和时间去背诵会毁掉整个演讲。

对付怯场现象最有效的方法是真正告诉自己：我的这次演讲准备得特别充分，我的话题不仅能够打动自己，相信也能引起听众的兴趣；我对这个话题有着与别人不同的见解，我引用的数据资料都是相当有说服力的；

我的演讲紧扣主题，有理论有事实；通过反复演练，我已能恰到好处地调动起听众的情绪；我内心对今天的服装和打扮充满自豪感；我会很好地处理演讲过程中出现的不利局面。

第二，应对变化。

如果原计划中，主办方告诉你是给五百人做演讲，到场后却发现听众只有四五十人，此时你会怎么做？你原本是准备给即将毕业的大学生做一次如何走向社会的演讲，走上演讲台时你却发现台下坐着的全是大爷大妈一类的听众，你如何应对？你准备了近一个小时的演讲内容，可上台时主持人却告诉你：没有时间了，你只有二十分钟的演讲时间，你又该如何处理？此类的事情在演讲中会经常碰到，当你被邀请去某一个地方做演讲，一定要事先得到如下信息：此次演讲的主题是什么？听众主要是哪一类？演讲场地在哪里？自己的演讲时间有多长？……如果有时间，最好自己到演讲场地去了解一下实际情况，做到心中有数，还要针对自己演讲的主题，预测听众会提什么样的问题。

第三，登台前要练习。

演讲之前，如果你仍有紧张感，下面几种方法可以帮你缓解：

（1）深呼吸。做深呼吸的目的是帮助你平复过于激动的情绪，做深呼吸有助于你把快速的心跳在极短的时间内平静下来。另外，做深呼吸可以抑制情绪高涨，让你在演讲的过程中保持平和的心态。

（2）适量运动。这样做的目的是有意识地缓解身体某一部分肌肉的紧张，起到放松的作用。比如可以有意识地转动几次脑袋，或少量地活动一下身体，也可以用手掌轻轻拍打胸部，或做做压腿运动。适量运动的目的是让身体某部分肌肉紧张几分钟，能够更好地放松那部分肌肉，更好地放松整个身心。

我有一名学员，是某大型企业的老总，每年总会有几次大型演讲。我根据他的体力与敏捷度专门为他打造了一套放松操。他后来只要演讲必做放松操，效果很好。

（3）转移注意力。演讲前，多想想以前最得意的地方或事情，这样可以转移注意力，有助于打消怯场的心理。演讲是一份高尚的工作，不是什么见不得人的事，没有必要心存恐惧，你是把自己对某一事情的独到见解告诉他人，而听众是非常愿意听你演讲的。

第四，保持幽默感。

幽默是演讲中必不可少的调味品。出色的演讲者为什么让人看起来那么有吸引力？就是因为他在演讲的过程中恰到好处地加入了幽默的成分，因此，当你出现怯场的情况时不妨幽默一下，说几句笑话，在听众轻松的笑声中愉快地把演讲进行下去。

气定神闲：适度的恐惧感反而于你有利

任何一个演讲者刚开始准备的时候都会对自己产生一些疑问，比如在选定演讲主题的时候，他也许会这样问自己：这个主题适合我吗？听众会对我的演讲感兴趣吗？

在确定演讲主题时，你应该用平常、直白的话语对自己说：我选择的主题一定会引起听众的兴趣，因为这是我这么多年来得到的生活经验，来自我对生命独特的见解。

坐在台下的听众中没有人能够拥有比你更加丰富多彩的经历，你会把这些令你念念不忘的事情通过演讲对台下所有的听众说清楚、讲明白。这种由自我启发而产生的动力即使是暂时的、不是特别有效的，也是克服恐惧感的有效方法之一，对自己进行根据事实所做的真挚而坦诚的自我暗示，克服恐惧的效果会明显有所提升。

能够畅快地面对台下听众，进行一场有声有色的演讲，是让你接纳一个有缺陷的自己，把自己的缺陷暴露给台下的所有听众。你要明白，你身上的缺陷虽然不是你想要的，但一个有缺陷的你同样可以获得听众的认可。

要把当众演讲时那种令人难堪的恐惧感完全抛弃，最有效的方法就是用往日成功的经验来激励自己，再以适当的方法对演讲进行仔细、精心的准备。

一位名人曾这样说过："我不喜欢听那种千篇一律的、枯燥无味的演讲。当我听人演讲时，我喜欢看他表现得像蜜蜂酿蜜似的。""蜜蜂酿蜜似的演讲"就是气定神闲、信手拈来皆成文章的挥洒自如的演讲。

有些演讲者在演讲之前就给自己设限，结果令自己对到台上去面对众人演讲更加恐惧。比如，在演讲的时候自己可能会犯错误，说出了大家不喜欢的事情，担心自己讲着讲着讲不下去了，因为听众都表现出一种厌恶的情绪。

其实，这是你自身的假想，这些假想很可能会抹杀你走上演讲台的信心。对此，在演讲前把注意力从自己身上移开是很有效的，或是集中精力听听其他演讲者是怎么演讲的，可以把这些负面的情绪消除，将不必要的恐惧感避免掉。以下是几种有效戒除恐惧感的方法。

1. 相信自己

其实，那些对演讲怀有恐惧感的人应该去听听那些能够畅快表达的演讲，有的人长得并不是貌似潘安，他们在讲得兴奋时还会卷起袖子，台下的听众也跟着手舞足蹈。这是为什么呢？因为大家不仅仅是来听演讲的，更是来聆听一个有启迪的人生故事的。

要是你心中有这样一个好故事，你在演讲台上就会受到大家的欢迎。

有时，就算你已经有了多次上台演讲的经历，站到台上的时候还是有恐惧感的。然而，适度的恐惧感于你反而有利，它能够帮助你发挥得更好，如果你一直处于恐惧当中，只要边讲边看那些对你微笑的听众，就会渐渐放松下来。实际上，面对一个偌大的现场，你是无论如何也看不清哪些听众的脸是笑着的。紧张很正常，因为我们在乎听众。但是，你要相信自己，告诉自己你能行。

2. 提前准备

古语云："凡事预则立，不预则废。"一般来说，进行一次演讲，大多要提前一两个月安排，因此在这段时间里我们可以阅读一些相关文章，做一些必要的准备，以免临时着急。

有些能干的演讲者会利用这段时间找机会试讲，去评估听众对自己演讲的态度如何，如果听众反应不热烈，就立即着手进行修改，以免到时出错。在正式开始演讲两个星期前，可以提交给主办方自己的演讲主题和部分内容，也可以根据主办方的建议调整，如果有什么变化还可以进行修改。在正式演讲的前一星期，如果你搜集到了更好、更新的主题相关素材，也可以用上。

我的学员在课堂上不仅学到了克服恐惧的方法，还养成了做事提前准备的习惯。在熟悉的领域，我们的表达之所以头头是道，是因为熟悉感带来的底气；在不熟悉的领域之所以结结巴巴，是因为陌生感带来的恐惧。很多人担心演讲不成功而产生了恐惧心理，其实只要提前做好准备，一般不会出错。

准备演讲的恰当方法就是留意生活中那些有意义的、曾经对你的人生有过指导的经验，然后把从经验中获得的思想、感悟等进行汇集整理。

3. 写演讲稿

那些经验丰富的演讲者在遇到一些重要的演讲时都会写演讲稿。前期准备期间把写好的演讲稿打印出来，发现问题就立刻进行修改，让案例更有说服力，还要考虑台下的听众是处于什么层次的，如果听众是受过高等教育的人那就要用词文雅一点，如果是普通的员工就要表达通俗一点。

事先要计算好演讲的时间是一个小时还是两个小时，演讲稿必须控制在这个时间之内，不能超时。如果时间方面有限制，对你的演讲内容也是一个挑战，如何为演讲稿设计一个有吸引力的开始，如何调动听众的情绪，如何圆满结尾，都需要一一进行考虑。

战胜恐惧：化解恐惧心理的策略和技巧

大多数人第一次面对许多人讲话的时候都会紧张，只有少数心理素质极好的人才不会怯场。那么，化解演讲的恐惧心理有什么策略吗？

首先是要承认自己的恐惧。其实，许多著名演讲家第一次演讲时的表现和我们大多数普通人差不多，也会紧张。幽默大师、小说家马克·吐温说第一次演讲时"舌头像不是自己的，心都要快跳出胸腔"；印度总理英迪拉·甘地回忆自己第一次演讲时"站在台上半天，就是紧张得说不出话"；被称为"世纪演讲家"的英国首相温斯顿·丘吉尔认为自己第一次演讲时"心里像是装满了冰"。因此，第一次面对大众演讲感到紧张、恐惧是很正常的事情。

其次是要把握好自己的情绪，战胜紧张和恐惧。紧张和恐惧都是情绪的作用。许多口才演讲培训讲师在给学员讲课的时候只是强调"放下面子，所向无敌"，一味提倡出丑，但敢于出丑并非解决问题的关键，其实把情绪管理好就可以。关于战胜紧张和恐惧，最好能够有专业人士给予一定的指导，如果达不到这个条件，买一本情绪把握方面的书认真学习并尝试改变自己，亦会有所助益。

最后是尽可能多地寻找登台的机会，持续锻炼。不经过登台演讲的历练，掌握再多的理论也起不了多大的作用。登台演讲对于消除紧张和恐惧是一个行之有效的方法。一般遵循"从里到外"的方法，比如先在家人、朋友面前演讲，再发展到陌生圈子、小集会上，之后再扩大区域，到大庭广众中锻炼自己。

大家的经历、学历、反应力不同，如何根据具体情况，配合心理辅导，加快战胜紧张和恐惧的速度呢？下面六个技巧不妨一试。

1. 回避目光

如果你是第一次登台演讲，内心肯定紧张得一塌糊涂，尤其是某些听众还会做出一些怪相，以引起你或他人的注意力。此时，你需要马上转移目光，不去关注这些小动作，避免与他对视，这样有助于保持稳定的情绪。

2. 呼吸松弛

在开始演讲之前，深吸一口气，然后慢慢呼出，也可以缓解紧张的情绪。具体方法是：透过窗户看向远方，尽可能放松全身，做几次深呼吸，让紧张的情绪缓慢地放松下来。

3. 假设自信

如果因为紧张而说不出话或说了自己本不想说的话，这时可以假想自己是个成功人士，台下的人正等着你把如何致富和成功的方法教给他们，你就会信心倍增。

4. 自我调节

为了让听众听到你挥洒自如的精彩演讲，你可以在演讲前通过一些设备调节自己的紧张情绪，让自己达到最佳的演讲状态，如在手机上听听轻松愉快的歌曲，看看幽默的小片段等。

5. 转移注意

为了缓解情绪紧张，你可以把注意力集中在另外一件事情上，比如可以观察房间的结构设计、装饰，如果现场有熟人，可以与其闲谈一会儿，这样也能够缓解紧张的情绪。

6. 自我暗示

自我暗示对许多初登讲台的人而言确实有一定的效果，比如，登台前可以暗暗地对自己说："听众都是老朋友了，我是不会紧张的""我知道的比台下那些人多得多，我要告诉他们一些人生的经验""我的演讲一定会比前几位更精彩，听众一定会喜欢"，等等，通过这种自我暗示，消除自己紧张的情绪。

总结以上战胜演讲恐惧的技巧，即讲自己最熟悉、理解最深刻的课题，演讲时不要为某个小错误而惊慌失措，把自己想说的话按照先后顺序和思维逻辑表达出来，自然就不会紧张了。总之，缓解及消除紧张心理的关键是要平静自己的情绪，多在陌生环境下讲话。

放松心态：先丢脸才能长脸，敢出丑才能成长

不会放松是许多人刚登台时普遍存在的问题，他们常常因为紧张说了自己不想说的话或结结巴巴地半天说不出一句完整的话，引起听众的强烈不满。要想改变，是有办法的。

卡耐基是举世闻名的演讲家，他通过自己的演讲，感动了无数人，给无数人指明了为人处世的道理和奋斗的方向。然而，就是这样一位演讲大家，也许很多人不敢相信，卡耐基在读小学的时候，不但是个结巴，还非常自卑，压根不敢在别人面前讲话。

> 1880年11月24日，卡耐基出生在美国乡下的一个普通农户人家。由于家庭穷困，年幼的卡耐基因为长期营养不良，非常瘦弱，还有点结巴。
>
> 光是结巴就算了，卡耐基还长了一对大耳朵。因为自己的形象，卡耐基在学校备受歧视。甚至有一次因此遭到高年级学生的辱骂："卡耐基，看看你那大耳朵，你就不应该读书，你应该回家和你那些臭烘烘的牛在一起！"
>
> 挨骂后卡耐基着急地回答："我，我不会……和那些牛……牛在一起，我要读……读书！"
>
> 卡耐基才说完，周围人哄堂大笑。
>
> 无助又害怕的小卡耐基听着周围人的嘲笑，只敢偷偷地哭。从那时起，卡耐基就下定决心，一定要改掉结巴的毛病。
>
> 为了治疗结巴，卡耐基决定在家中和父母对话。在父母的帮助下，过了一段时间后，他在父母面前说话不结巴了！不

过因为过去经常被小伙伴们欺负，卡耐基还是不敢和同龄人说话。

一天，他的父亲好奇地问他："卡耐基，你为什么在家说话好好的，出去和人聊天又结巴了？"

卡耐基想了想："父亲，我不知道，我只要一想到他们会笑我，我就有点害怕！"

父亲笑着点了点头："我才接手这个农场的时候，啥也不会，但是我愿意去请教别人。周围的人也愿意教我，我虽然干得不好，却也饿不死，都是因为别人的帮助！也许，你可以试试去请求别人的帮助。"

卡耐基听后，想了一晚上，决定出去和那些同龄人坦白自己的不足，并请求他们的帮助。

出乎卡耐基意料的是，没有人再嘲笑他，大家都愿意耐心地听他讲话。从此，卡耐基信心大涨，甚至喜欢上了当众讲话的感觉。

读大学后，卡耐基第一次接触演讲，就爱上了这种讲话的形式，后来，还获得了"青年演说家奖"。卡耐基不断地在全国巡回演讲，出版了经典的著作《人性的弱点》，成为一代知名演讲家。

滔滔不绝、精彩绝伦的演讲靠的是什么？不是你准备的演讲稿有多棒，也不是你有多幽默，最关键的是要放松心态。要知道：先丢脸才能长脸，出丑后才能成长。

名嘴窦文涛从小就被周围的人称为"小结巴"，直到上学了说一句完整的话也要花上老半天。"小结巴"的帽子使他越来越自卑，也越来越不敢当着大家的面说话。

初中时，学校要举办演讲比赛，由于窦文涛在朗诵方面有很好的天赋，老师决定让他上台。他在上台前几天就拼命地背演讲稿，对稿子甚至能倒背如流，可是到了演讲台上他却紧张得心怦怦直跳。尽管他一再告诫自己要镇静，可当背到某个段落时却忘记第一个字是什么了。当时，窦文涛像木头桩子似的站在台上，他根本不知道自己是如何在全体师生的注视下离开讲台的……

第二天，窦文涛说什么也不想去上学了。经过父母的一通劝说和老师的一番思想工作后，他才重新打起精神回去继续上学。窦文涛总觉得自己出了丑同学们都嘲笑自己，特别是一听到女同学放肆的笑声就认为是在笑他。有两个多月的时间，他一直处于崩溃的边缘。

转变来自校长的一番教导。校长让他不要灰心，还推荐他参加区里的比赛，并一再鼓励他："你肯定能拿奖！"他抱着不怕出丑的心理参加了区里的演讲比赛，结果获得了第三名的佳绩。

之后的窦文涛完全变了个样，从一个不敢对大家说话的人变成见了谁都是熟人、都能跟人家聊上小半天的人，学校的演讲比赛、辩论比赛、晚会等他一个也不放过，不知不觉中，他就在一次次的磨炼中提升了自己。

后来，窦文涛考上了一所国内很有名的大学，大学毕业后的他应聘到了香港凤凰卫视，并成功地担任起主持角色，成为妇孺皆知的名嘴。

在接受某媒体采访时，窦文涛讲述了自己成功的秘诀，他告诉大家：要珍惜每一次当众出丑的机会。可以说，你现在在几个人面前出一次丑，将来你会在千万人面前赢得赞赏！

如果你想成为一个成功的演讲者，就要像上面的两位名人那样，不怕出丑，敢于出丑，并把每一次出丑当作提升自己的机会，视为让你飞翔的天空、让你生长的沃土、让你突破自己的基石。只有在一次又一次的出丑中，你才会从胆怯成长为豪迈，从平凡走向出众。

要想成长为一名真正的演讲家，请记住：丢脸才能长脸，出丑才能成长！

第二章

增强自信：
展现你的迷人魅力

当我们走上演讲台，怎样才能做到"化渺小为伟大，化平庸为神奇"？那就要靠自信。相信自己的力量，确信自己这次演说一定能够感动台下所有的听众，坚信自己有力量、有能力去实现这个目标。

价值展现：坚信自己的演讲能给听众提供帮助

任何事物都是有价值的，钻石有钻石的价值，石头有石头的价值。但是石头对人们的价值远远没有钻石的价值大。如果你想展现出自己的价值，就要大胆发言，敢于表达自己的思想。

演讲是什么？它是一门学问，更是一门艺术。有过多年演讲经历的我尽管在演讲方面有了一定经验，可还是感觉有许多不足之处。比如我演讲时的普通话发音直到今天还是不太标准，仍然带有山东口音。另外，我在演讲时的语速略快，听众稍不留神就会对我一句话中的几个字听不清楚。

我在课程中反复强调这种理念：演讲等于帮忙，就是我相信我的演讲一定能给听众提供帮助。因为听众是带着问题来听我演讲的，如果他们知道的比我还多，那他们就没有必要来听我演讲了。比如，他们在工作中，对发生在面前的一些问题找不到解决的方法；他们的家庭生活里发生了一些矛盾，不知道怎样做才是最好的方法。我相信，我的演讲会给大家解决一些实质性的问题，至少大家可以从我的演讲中得到一些有用的建议。

我坚信自己的演讲能给听众提供帮助，有些人在还没有做某件事情之前就给自己设限了，认为自己从来没有做过这样的事情，一定做不好。针对这样的人，我就会给他们讲这样一个故事：

> 被誉为"亚洲飞人"的苏炳添在2021年东京奥运会百米半决赛中跑出了9秒83的成绩，一举将亚洲纪录提升了0.08秒，他超越伤病和年龄，更超越了自己，是第一位进入奥运会百米决赛的中国人！
>
> 2012年，苏炳添与博尔特同场竞技，感受到差距的他给自

己立下目标：跑进百米9秒区。9秒区代表百米世界顶级水平，曾是亚洲人的禁区。2015年北京世锦半决赛，苏炳添以9.99秒的成绩代表亚洲人首次跨进9秒区，然而当时的苏炳添已经26岁了，到了退役的年龄，但是他对于9秒区的执着与热爱却丝毫未减。对于高龄运动员来说，任何微小的突破都需要付出成百上千倍的努力。为此，他以超出常人的付出和极度的自律，反复训练与摸索，并大胆决定更换起跑脚，"重新学习跑步"。他还不断地自我激励："受伤时，我思考过是不是跑不动了，但我告诉自己，养好伤病还可以继续飞翔。"

苏炳添说："我的身高只有1.72米，100米要比博尔特多跑七步，我只能付出比别人更多的努力，才能和别人站到同一起跑线。"苏炳添从未将身高差距当作无法战胜博尔特的原因，他不断挑战自己，不断突破自己。十年磨一剑，短短百米，苏炳添用十年时间完成了自我超越，取得个人的最好成绩，让世界看到亚洲的飞人速度。苏炳添用他的行动为我们证明了一点：每一个成功故事的背后，都离不开拼尽全力的执着和超越自我的勇气。

因此，不要给自己设限，不要认为自己没有这个能力，如果你不敢去做某件事情，那你的潜能肯定在睡大觉！那些听我讲了这个故事的听众往往会有一种醍醐灌顶的感觉。有些人做事总是失败，并不是因为计划不周密，也不是因为没有尽心尽力，而是因为没有彻底激发出自己的潜能。这个故事令听众觉醒，使他们懂得了要想成功，必须激发出自己的潜能。所以我也相信自己的演讲能给听众提供帮助。

对一名企业家或想成为演讲师的人来说，登台演讲没有什么丢人的，你完全可以大大方方地走到台上，给台下的听众讲讲你所知道而听众并不了解的故事，让他们迷惘的心找到明亮的出路，帮他们把发生在身边的难题一个个解决掉。那么，你还有什么不自信的呢？

形象设计：居高临下，保持优越感

在公共场合，现在的人们越来越注重一个人的形象和仪表，尤其对演讲师而言，你的个人形象设计已经成为培训工作中不可或缺的组成部分。著名的"55387定律"认为，决定你在台下听众中第一印象的因素中外表、穿着、打扮占55％，肢体语言及语气占38％，而演讲的内容只占7％的比例。可见注重听众对你的第一印象、注重外表形象对演讲成功的作用是多么重要。

良好的个人形象能够缩短演说者与听众之间的距离。比如你穿一身整洁笔挺的服装，戴一块彰显气度和品位的名表，你的个人气质自然而然就体现出来了。

唐朝诗人王之涣说："欲穷千里目，更上一层楼。"本意是说站得高才能看得远，当你站到一定的位置后，就会产生一种优越感。

对于一名初次登台演讲的人而言，如果你有了"会当凌绝顶，一览众山小"的心态，就会拥有一种优越感，有了这种优越感，你在演讲过程中就不会再有紧张的心理。

当你能够平视某人的时候，就证明你们在能力或财力等各方面都是平等的；当你不得不对某人仰视的时候，就说明他某些方面一定比你强；当你对某人产生俯视感的时候，说明他的某些方面肯定不如你。

作家莫言认为，一个人在日常生活中应该谦卑礼让，但在文学创作中必须"颐指气使，独断专行"。如果你想成为一名出色的演讲者，不仅要有光鲜亮丽的个人形象，还要拥有足够的自信心，给台下所有的听众一种"居高临下"的印象。我们可以向鲁迅笔下的阿Q学习，不时给自己来个"精神胜利法"。就像成功学大师戴尔·卡耐基说的那样："你要假设听众都欠你的钱，正要求你宽限几天；你是个神气的债主，根本不用怕他们。"

相信自己：我的故事精彩到无与伦比

每次进行演讲前，我都会告诉自己，我的准备是最充分的。只要你心里想着自己是最好的，你就会有最好的表现。我相信自己对台下听众所讲的故事是最精彩的，是他们从来没有听到过的。

> 我在一次演讲中讲了这样一个故事。有一名业务员经常因工作需要坐火车到全国各地出差，但往往买不到坐票。但不管是出差到附近的城市还是遥远的城市，也不管火车上有多少人，他一般都会找到座位。其实他没有什么高明的办法，就是从火车最前面的一节车厢往后走，一节一节地找座位。
>
> 尽管这个办法很有效，但做起来也会有点辛苦。每次刚上车的时候，他都这样告诉自己：从第一节车厢走到最后一节，我一定能够找到没有人坐的座位。结果他每次都是没有走到最后一节车厢就找到了座位，于是他总结出这样的经验：第一，像他这样有耐心找座位的人其实并不多。因为车厢里往往还有好几个座位，但在车厢的连接处却总有许多人挤在一起席地而坐，他们都是没有耐心去车厢里找座位的人。
>
> 第二，许多人看到一两节车厢很拥挤就认为其他车厢也会这样，其实火车一次次地进出车站，总有旅客上下，有时上的人没有下的人多，座位就空出来了。
>
> 第三，尽管有的人会想到其他车厢可能有座位，但因嫌拥挤和麻烦并没有去每节车厢寻找，而是退而求其次，在车厢连接处找到一个地方，勉强坐下或者干脆站着。

> 第四，为了找座位背着行李在车厢里挤来挤去毕竟会造成他人的不便，会让别人厌恶，如果座位没找到连原本站着的地方也被别人占去，是很多人担心的。

举这个火车上找座位的例子，我想告诉听众的是，现实生活中为什么有些人总是失败？答案是因为这些人安于现状、不思进取、害怕失败，所以他们一生都站立在最初的起点上，就像那些不想用心去找座位的旅客一样，只能在刚上车时的落脚之地一直站到下车。但如果你是一个内心充满自信、勤于实践的人，你一定会找到一个没有人坐的座位，并且享受旅途中的风景和快乐。

也许，我们的奋斗道路上遍布陷阱，荆棘丛生；也许，我们苦苦追求的目标总是山穷水尽却没有柳暗花明；也许，我们的身心已经疲惫、步子已经迟缓；也许，我们在风雨中摸爬滚打很久也看不到一丝雨过天晴的迹象；也许，我们坚定抱持的信念会被各种阻力打击得遍体鳞伤，甚至无法再回到天空自由飞翔；也许，我们的灵魂在充满喧嚣的世界中始终无法找到安放的净土……那么，我们为何不像勇敢者那样，拿出我们的气魄，坚定而自信地对自己说一句"再来一次！"？因为敢于再来一次，我们才有可能到达梦寐以求的乐土。

厚积薄发：注重平时积累，轻松应对挑战

如果演讲者没有平时的积累，只有很高的演讲技巧，那听众也不会心甘情愿地在那里一坐一两个小时听他演讲。积累是什么？积累就是不断地学习，不断地汲取新鲜的营养，走进品牌演说家的学习课程，并且作为品牌演说家的学员应该多来复训，因为每次复训，老师都会不断更新内容，每次都是新的积累。在演讲的过程中，总会碰到一些很有学问的人，他们有时会提出一些你想象不到的问题，如果你的积累不够，是无法回答出来这些问题的。比如，在某一次演讲时，有一个听众让我给他讲一讲诚信。如果我给他讲，你要讲诚信呀，不要对别人说谎，对别人的承诺一定要兑现之类的，他肯定会听不进去，那也不是我想讲的东西。这个时候，平时的学习积累就帮了我的大忙，让我很轻松地应对了这个挑战。

闲暇的时候，我喜欢读读书，看看报纸等。我在报纸上曾看到过这样的一个故事，足可以说明诚信是什么。这个故事是这样的。

法国一位女寿星活到了一百二十岁时，依然很健康。在她九十岁时，有一个人看上了她的房产，讲好每个月付给她两千五百法郎的生活费，她去世后，房产就成为那个人的。谁也没想到，这一付就是三十年。直到这个看上她房产的人去世，女寿星还健在，而这个人付出的九十万法郎，可以购买好几套这样的房子。许多法国人知道这个故事后，便当作笑话到处去讲，嘲笑那些"贪小便宜吃大亏"的人。

但是，我却认为这是件很严肃的事情。一个人能够在这种情况下，还继续遵守当初的诺言，把诺言坚持到生命的最后一刻，把信誉看得比金钱更重要，这就说明了诚信无价的道理。

当然，我讲的这个故事，是一个非常极端的例子，听众把它当成笑话也是情有可原的。但是，正是这个有点滑稽的故事，却使我冷静地反思了起来，获得了与别人不一样的理解，悟出了"诚信无价"的道理。我这样以真实而又生动的事例开头，无疑增强了对听众的吸引力，激发了他们的兴趣。同时，典型事例引出的独特观点，作为我接下来演讲深入论证的中心，自然就引起了听众强烈的关注和深刻的思考。

所以，想成为一名优秀的演说者的前提是不断学习吸收，这样，当你面对听众的提问时才能对答如流。比如，有的人一遇到困难就垂头丧气，失去了所有的前进动力。他们问我："如果你遇到了一个很大的困难，你会怎样？"我就给他们讲了下面这个故事。

> 有个老农民的一头驴子已经老得不行了，它与这个老农民一起相依为命了十几年，老农民不忍心卖掉它。有一天，驴子不小心掉进一口枯井里，老农民想了很多办法也没能救出驴子，驴子在枯井里痛苦地叫着。后来，这个老农民想到了放弃，因为驴子太老了，已经驮不动重一点的货物了，不值得花大钱雇吊车把它救出来。不过，不管怎样也得把驴子安葬了。老农民便到村里请来大人小孩，一起帮忙把枯井里的驴子埋了，为的是让它不要再痛苦下去了。老农民和邻居们共同努力，把泥土一铲一铲地铲进枯井中。当驴子知道自己将被人活埋时，叫得更加凄惨。让人们想不到的是，过了一段时间，这头驴子竟然安静下来，不惨叫了。老农民和村里的人往井底一看，却看到了这样的情景：
>
> 　　当泥土落到驴子的身上时，它将身子用力一抖，泥土落了下去，之后再站到泥土上面。如此反复，驴子将大家铲到它身上的

> 泥土全部抖落下去，之后再站上去。慢慢地，这头驴子便得意地上升到井口，在大家的惊叫声中，一路跑回了老农民的家。

故事讲到这里，大家也明白了当自己遇到困难时应该怎样做。的确，在生命的旅程中，我们有时候难免会陷入"枯井"里，会被各种各样的"泥沙"覆盖，而想要从这些"枯井"逃脱出去的办法就是：将"泥沙"抖落掉，然后站到上面去。换句话说，人生必须经历过困境才能走向更高的层次，而其中最重要的就是——你要看得起自己。

不断历练：原来演讲如此轻松

大家都知道，一个人无论离家多远，即使是在漆黑的夜晚也记得回家的路，为什么？这就是熟能生巧。当你干一件事情干过好多次的时候，一定会找到其中的窍门，这就是不断历练的结果。对于演讲而言，也是同样的道理。比如，我在讲一个细心的好妻子与一个健忘的丈夫的故事时，是这样讲的：

> 妻子下班回家后，忙着做饭，做着做着，发现酱油没了，便让丈夫到超市去买，在他出门时千叮咛万嘱咐。丈夫一再保证说不会忘记的。喜欢喝酒的丈夫来到酒类销售专柜，看到各式各样的好酒就舍不得离开了。一位漂亮的服务员很有礼貌地对他说："先生，别忘了买瓶酱油带回家。"他挺奇怪：服务员为什么不说服我买酒，却让我买酱油呢？当然，疑惑归疑惑，丈夫还是很感激她的提醒，要不，他真的把买酱油的事给忘到脑后了。丈夫提着一瓶好酒在商场里转悠，突然，一位老大爷轻轻拍拍他肩膀："小伙子，别忘了买瓶酱油带回家。""咦，你怎么知道我要买酱油呢？"刚刚那个服务员的提醒，就让他觉得难以理解，现在他想一探究竟。老大爷指指他的后背："看，你背上这不贴着纸条，上面写着吗？"这位丈夫脱下衣服一看，细心的妻子在他的背上贴了张纸条，上面写有"好心人，请提醒我的丈夫买瓶酱油带回家。"的字样。

我把这个故事讲得悬念迭起，让听众急于知道答案：两个素不相识的人为什么会提醒这位丈夫买酱油？所以一定要听下去才能知道结果。等到谜底揭开后，你才知道，哦，原来是这样。

我在讲这个故事的时候，前面不露痕迹，一点一滴地铺垫、渲染，讲到最后，一个意想不到的结局让听众顿时释怀。出人意料，但又在情理之中。这样的演讲方式，就像中国传统的相声艺术，讲究一而再，再而三地让听众产生悬念，把包袱严严实实包裹好，最后的一抖让听众的笑声发自内心地迸发出来。听完故事，听众水到渠成地领悟到故事里的妻子是怎样的细心、丈夫的健忘、不相识人的真诚好心了。

作为一名优秀的演说者，唯一的标准就是把自己要讲的故事讲好，从我讲的这个故事中，你是不是能够领悟到讲故事要做到一波三折才能引人入胜呢？

当然，这个故事我已经讲过好多次了，说实话，刚开始的时候我不是这样讲的。我平铺直叙，像会计记流水账一样：

妻子发现酱油没了，让丈夫到超市去买。妻子怕他忘记，特意在他背上贴了一张写着"好心人，请提醒我丈夫买瓶酱油带回家。"的纸条。在超市里，爱喝酒的丈夫忘了买酱油，好心的服务员提醒他，一位老大爷又提醒他……没有铺垫，没有悬念，也没有波澜，听众坐在下面听着听着，就不想再继续听我讲下去了。我发现，再也不能这样讲故事了。如何让听众有兴趣坐下来耐心听我讲故事呢？我就把这个故事拆开来讲，倒过来讲，一次次的历练，终于让我找到了窍门。就像我上面讲的那样，听众饶有兴趣地听着我的演讲，一直想知道最后的结果是什么，原来，故事可以这样讲！

同时，我也发现，成功的演讲技巧并不是一出生就带来的，而是不断历练的结果。并且，我也懂得，把一个故事讲得有滋有味，是一个演讲者最基本的能力，当然，此时你也会明白：演讲并不是一件难于上青天的事。

坚定信念：我就是要做一流的演说家

在这个世界上，你是独一无二的，没有另外一个人会和你完全相同。几十亿人都有两只眼睛、一个鼻子和一张嘴，却没有一个人与你相同，也没有一个人的想法和意见和你的完全相同。这就是你所拥有的独特个性，这就是你作为一个演讲者的最宝贵的财富。你要抓住它，珍惜它，发挥它，让你的演讲产生力量。

我记得在罗斯福传记中有这样一个情节，他刚当选为美国第三十二任总统的时候，正值美国经济大危机，罗斯福面对经受大萧条的民众，曾经说过这样一句话："信心比黄金更重要。"

前几天，我和一个初中同学吃饭聊天，他现在是一家国有银行的分行行长，年纪轻轻就能坐到现在这个位置，可谓成绩斐然。但他在饭桌上却表示非常佩服我的成绩，因为他相信市场的风云变幻最能磨炼一个人。吃过饭之后，我向他请教了一个问题："你说你佩服我，那你认为我的优势在哪儿？"他不假思索地说："坚定的信念！"我震惊之余赞叹不已：不错，坚定的信念的确是我最大的优势！

坚定的信念是做事成功的动力。正如俗语所说：世上无难事，只要肯登攀。一个人拥有了坚定的信念就拥有了前进的动力。我正是坚信自己能够成为一名名副其实的演说家，才有了现在的创业之举。

坚定的信念让我在奋进的路上不断成长。当一个人拥有了坚定的信念后，他就会为之付出所有，痛苦就是他最大的财富，成长就是在战胜痛苦的过程中达到目标。

坚定的信念是进步的动力。我们因为坚信能够遨游太空，才有了神舟十号的成功发射，中国才在征服太空方面取得了令世界惊叹的成就。人们坚信光明一定能够给人类带来希望，才有了灯火辉煌的城市和乡村；我们因为坚信可以达到一日千里的目标，才有了现在的高铁、飞机的发达。我也是因为坚信一定会成为一名演讲家，才能够一步步成长起来。是内心的信念促使我慢慢地从无到有，从小到大，从弱到强，渐渐成长起来。尽管这个过程是痛苦的，但也是快乐的。因为有坚定的信念在铺路，我就不会停步。

要做一流的演说家，是我今生最坚定的信念。在芸芸众生之中，没有哪个人与我相同，我的口才、语言风格、肢体动作、气场都是独树一帜的。演说风格与我相同的人以前没有，现在没有，将来也不会有。虽然目前社会上有很多演讲者，但大家都是不相同的。我是独一无二的演说家。

我不可能像那些一事无成的人那样，只知道一天到晚混日子，我的心中燃烧着熊熊火焰，它激励我一定要超越现在的自我，我要让这团火烧得更旺，向全中国宣告我要做一流的演说家。我来到这个世界，就是要用演说的方式，去帮助那些在生活中遇到难题的人。

我不会再一味模仿那些所谓的大师，而要展现自己独特的魅力。当然，我会去学习别人，之后再去创新，我不仅要宣扬自己的成就，还要推销它。我要让听众学会欣赏自己，相信我的演讲一定能帮助到大家，因为这是我真实的人生体会和经验。我绝不做那种人云亦云的事情，而要用全新的视角和方式来解读我所走过的路、得到的经验，并以听众喜欢的方式来传播我的演讲。更重要的是，我已经了解到演讲的意义是利他，演讲的目的是让那些原地踏步的人采取行动，解决自己的问题，明确自己的目标。

帮助别人是一流演说家的天职，我演讲的故事要直达人们的内心，让大家有种"山重水复疑无路，柳暗花明又一村"的感触，有种哥伦布发现新大陆的惊喜。因为人们都被自我设限了，只要能够找到他最担心的、最不喜欢做和最热心的事情，用真诚去打动他或者改变他，就可以让他找到一个全新的自我。只有帮助更多的人，我才会成绩斐然，大获成功。我的生命里持续流淌着演说的冲动，可以说是父母之教诲、朋友之帮助的功劳。既然是一流的演说家，因此我要让大家自然、轻松、快乐地接受我的演讲。

我不会模仿他人，但我要专心地学习前辈演说家的方法、技艺和精神，如果不这样去做，就会使我的技艺、才华、激情埋没。驾驶过汽车的人都明白，第一天开车都会有惊慌的感觉，如果你认真学习，连续开上两个月的车，你就能毫不费力地掌握开车的技能。演说也是如此，只要有坚定的信念，再加上持续的历练，你就会发现自己已经可以站到讲台上帮助那些处于迷惘中的人了。当然，我不会因得到了一点演讲的技巧就沾沾自喜，我要向走在我前面的演讲者学习，要像小学生那样，有一个虚心的学习心态。

坚定的信念是走向成功的基础，每次演讲前我都会精心准备。每一次都把自己当成一名听众：我为什么要听他讲？我要听他讲什么？并在演讲内容上不断探索，因为这是成长为一流演说家的必经之路。尊重听众，时刻把听众的难题作为自己急需解决的问题，这样的演说家的光芒会照耀到其他人的。

没有谁能够模仿我的语气、声音、思维。今后，我要让自己赢在为听众解决难题上，也同时赢在我的人格魅力上。我要用真心去演讲，因为真心是没法复制的！我会成功，我会成为一流的演说家，因为我热爱演讲并乐于分享。

步骤二

能 讲

第三章

精彩开场：
一上场就抓住听众的心

　　文章开头最难写，同样，演讲的开场也是最难把握的。如何用三言两语抓住听众的心呢？只有新颖、有趣味、匠心独运的开场才能给听众留下深刻印象，从而为接下来的演讲搭建通向成功的桥梁。

开门见山：一句话引起听众最大兴趣

演讲者应该想点技巧，特别是表演技巧，让听众紧跟你的话语。你如果邀请观众来帮助你展示，或者是帮助你戏剧化地把观点展现出来，那么，观众的注意力就能提高。因为当某位听众被演讲者带入"表演"中时，其他听众就会很敏锐地去注意所发生的事。很多人都说听众与演讲者之间隔着一堵墙，如果你想推倒这堵墙，最巧妙的方法就是利用听众的参与。

演讲者刚站到听众面前时，很自然地会引起听众的注意。但在之后的五秒钟内继续维持这份注意力就很困难了。所以，演讲者在第一个句子中就要说出某些吸引听众兴趣的话来，不是第二句，更不是第三句，是第一句！

在我的课堂上，经常有企业家问："老师，怎样演讲才能引起别人的兴趣？"我回答说："其实，要让你的讲话引起听众的最大兴趣，关键在开始演讲的第一句话上。"而有些企业家在给员工演讲的时候，过了半天才兴奋起来，进入良好的状态。问题是你达到最佳状态了，可你的员工们早已听得不耐烦了。尽管他们还会坐在那里，但并没有听进去你的演讲。

因此，成功的演讲要开门见山。不报你的名字，不介绍自己，不寒暄，直接进入正题。

我在演讲的时候，一般一出场便向听众提出一个问题，请听众与我一起思考。这能够马上引起听众极大的兴趣，使他们很快把精力集中起来，在思考中专心听我演讲下去。如果听众是带着好奇心去听我演讲的，会增强他们对演讲内容的认知深度。关键是提出的问题要与演讲的主题相关，要围绕中心，饶有趣味，发人深省；如果问得太平常，是大家都了解的事情，反而弄巧成拙，失去开场的优势。

比如，我在演讲"说真话"这个主题的时候就采用了开门见山的方式："女士们、先生们，首先请允许我冒昧地提个问题：在座的各位都讲真话吗？"这个问题让台下的听众心中一震，同时也切中主题。

又比如我在演讲"人才在哪里"时采用的也是这种方式："人才在哪里？人才在中国广袤的土地上，在十四亿人之中，在熙熙攘攘的人流里，在你们——我尊敬的听众之中。"这样开门见山地讲，既有很强的吸引力、感染力，又缩短了我与台下听众的心理距离，让大家觉得我是和他们站在同一条战线上的人。

另外，要想引起听众最大兴趣，要在开头讲一个与演讲者所讲内容有密切联系的故事，能够引出演讲的主题。这个故事必须是完整的，要有打动听众的细节。比如我在讲"培养孩子独立生活的本领应是父母的头等大事"时，是这样开头的：

> 我记得某报曾报道过这样一个事情：一个小学生，天天要带着由妈妈剥好了的鸡蛋去上学。某一天，妈妈因为忙，没时间给鸡蛋剥壳，结果这个孩子在学校看着带来的鸡蛋，不知道怎样吃，只好把鸡蛋拿回家。妈妈问他为什么中午没有吃鸡蛋，他却反问妈妈："我哪知道怎么吃？"讲完后，我顺便问了下在座的学员有没有碰到自己孩子不独立的事情，并留了两分钟思考的时间，这样一下子把所有人的注意力都拉到了现场主题上。

用这种方式来开始演讲，就能引起听众最大的兴趣，而且也比较容易，很适合大中型企业老板演讲时使用。

我一直认为，演讲开始时要慎讲笑话。因为你一上场就讲了一个引不起听众笑的笑话，那么你很难挽回这个局面，接下来的演讲失败是肯定的了。因为之后，你不得不花许多精力和口舌去挽救这个失误，而最让人崩溃的是，听众对你已经失去了兴趣。另外，要是你讲的笑话听众已经在手机上看过了，他们就会认为你接下来的演讲也不会有什么真知灼见。而最不可取的是，如果你讲的这个笑话与演讲主题关系不大，尤其是在那些见过世面的企业老板面前，他们会觉得你接下来的演讲也没什么重大的意义。

因此，要想第一句话就引起听众最大的兴趣，方法只有一个，那就是开门见山。那些"我想把最好的东西留到最后"的想法是行不通的，因为事实是，要是你没有用一句最精彩的话语去引起听众的兴趣，他们无论如何也坚持不到最后。

在文学创作中，我们把一篇文章的开头称为"引子"。"不要埋葬引子"，是所有创作者都懂得的道理。因为他们明白：读者不会有耐心在缺乏兴趣的前提下完整地把一篇几万甚至几十万字的小说从头至尾看完。这与演讲多少有些相似之处，开头就要讲一句最精彩的话，引起听众的兴趣。

幽默风趣：先娱乐活跃气氛，再开讲

如何开场，尤其是当演讲现场一片乱哄哄的时候？有一个方法切实可行：用幽默风趣的方式开场。

用幽默风趣的方式开场，就是在演讲的开始，先讲一些能吸引听众兴趣的话题，一是可以调节自己的情绪，二是能够达到活跃现场气氛的目的，并且还能将听众的注意力集中起来。这样一来，演讲者和听众都格外活跃，接下来的演讲会更成功。

活跃现场气氛再开讲，目的是让此次演讲成功地进行下去。那么，如何活跃现场气氛呢？就让幽默风趣来帮忙吧。

在此，你要明白的是，幽默风趣毕竟只是一个开场，不需要长篇大论，几句话简单的话即可。一个幽默故事可以讲上两三分钟，太长则可能出现反作用，分散听众的注意力。

> 比如，老舍先生在一次演讲中是这样活跃现场气氛的："对于前面同志的发言，我是很受启发的，可惜前两次没来，损失不小。……今天来的都是专家，我很怕说话，只好乱谈吧。"表扬别人、贬低自己，这样谦逊坦诚的话语，瞬间拉近了他与听众间的距离，消除了听众对一位名人可能产生的敬畏之心。同时，老舍把自己的这次演讲称为"乱谈"，也就表明自己不是以名人自居的，而是真诚地与台下的听众一样。这样放低自己的人，很快就获得了听众的好感，现场的气氛也活跃起来了。

一次，挪威著名戏剧家亨利克·约翰·易卜生在演讲之前，为了活跃现场的气氛，讲了一段笑话，立刻让现场的听众纵情大笑，创造出了愉快的气氛。

> 他讲述的故事不是马路上或咖啡馆里听来的，而是他的亲身经历，最重要的是，他利用幽默话语增强了故事的戏剧性："那时候，我在一个亚洲国家担任记者一职，职责是报道犯罪新闻。这是一项让人大开眼界的工作，我也因此认识了许多社会名流，比如那些令人'敬佩'的骗子、'英勇'的拐骗公款者、极富'智慧'的谋杀犯，还有许多令人'厌恶'的正人君子。（此时，台下的听众都大笑起来）的确，在报道了他们被审的经过后，有时候我会去监狱看望一下这些正享受'额外供给'的老朋友。我记得曾有一个被判无期徒刑的人。我不得不说，这是一个特别聪明、谈吐文雅而有良好生活习惯的人，他把自己的'人生经验'透露给了我。他说，'就我本人而言，如果一不小心做了不诚实的事，就深陷其中，会不停地一直做下去。'到最后，他发现必须去做一些不诚实的事——把某人除掉，只有如此，才能使自己恢复正直。"在接下来的时间内，易卜生就在这样一种欢乐和谐的气氛下，开始进入演讲正题，使演讲成功地进行下去。

我在讲企业财务管理的重要性时，是这样活跃现场气氛的："作为企业的一名财务人员，我们不仅要知道企业是如何赚钱的，也要知道企业是怎样花钱的。"巧妙地引入了这次演讲的主题，接下来再开始讲财务管理在企业的发展当中所具有的重要地位。

一场活色生香的演讲，不是靠打领带穿西装、一本正经地坐在台上完成的，而是利用幽默风趣换来的。"大家不要这样看着我，我今天不是来讲笑话的。"以自身的滑稽相作为笑话讲出来，往往会收到意想不到的效果。不是到这里来讲笑话的，到底是要讲什么呢？幽默风趣的话语一下子就把听众的兴趣调动了起来。

"今天的演讲可能要浪费大家一小时的宝贵青春，要是到了时间我还没有讲完，你们就把我从窗户扔出去。"这是我某次演讲时采用的活跃现场气氛的例子。听众可以把演讲师"从窗户扔出去"，让大家知道我们都是平等的，他们的心情立刻放松下来，现场的气氛也就活跃起来了。

出场设计：宁可夸张，切忌平淡

对于演讲者来说，要想完成一场成功的演讲，出色的演讲内容、精彩的结尾自然起着关键作用，但演讲者的出场设计更是关键中的关键。如果你的出场是平淡的，没有引起听众注意，那这场演讲多半是失败的。如果你一出场就赢得了听众的欢呼，至少是注意，那么接下来的演讲就有了很大的成功概率。

有人认为演讲者的着装很重要，要给听众一种干净、利索、整洁的印象，因为服装会给听众带来很深的印象。年龄稍大一些的演讲师，总是喜欢穿着灰色、蓝色一类色调的服装，他们可能不知道这会给听众一个刻板教条的印象。在给企业家、企业员工或大学生演讲的时候，可以穿着稍微花俏一点的服装去进行演讲。演讲又不是参加国宴，为什么必须得穿一身深色西服、礼服？

同时，为了使演讲者能够闪亮出场，发型也要适当讲究一番。大家普遍认为，长发和光头都能够表明演讲者具有鲜明的个人形象，而鬓角的长短也被认为是个人突出的特征。在演讲出场的时候，你的服装、发型、面容究竟带给听众何种印象，取决于演讲的听众、场地以及演讲的类型，比如，是属于企业培训式的演讲，还是属于学术研讨型的演讲，抑或是给大学生创业励志那样的演讲。根据演讲档次的不同，演讲者的穿着打扮也要不同。

如果你是一位女性演讲者，那么可以化一点淡妆，让自己显得更加自信一些；如果是男性演讲者，那就要衣着干净整洁，头发不能太长；在出场时要不紧不慢地走上台，如将军在练武场点将一样，面带笑容，在精神状态方面先赢得听众的认可。开始演讲时要字正腔圆，随着演讲内容的变化，也要适时抑扬顿挫、声情并茂，并配合手势等简单的动作，与听众打招呼，当然，也不要打起来不停，更不要太忘乎所以。你要一直向听众看，并与大家进行友好的目光交流，其中的秘诀是：一定要灵动有神。

大家都知道，在进行演讲之前，往往要先进行精心的准备工作，接下来需要做的就是充满激情的表达，把这场演讲推到高潮阶段。而出场时，对演讲者心理素质的要求更为严格。演讲是需要勇气的，这种勇气在演讲进行时表现得更为突出。此时演讲者就要做好以下几种心理准备：

第一，不敢上场是人人都会经历的过程，许多著名的演讲家在第一次登台时都会惊慌得说不出话，全身紧张得发抖。一位著名的演讲家曾在朋友面前坦言："第一次出场的时候，我感到自己已经不是自己了，我的大脑一片空白。"如果你想成为一名演讲家，也会经历从不敢讲到敢讲再到会讲的过程。此外，你也要明白：演讲是每个人都可以做到的，只要鼓起勇气，勇敢登台，就证明你已经向演讲家迈出了第一步，成功已离你不远了。

第二，在登台演讲前，演讲者一定要想办法把自己的情绪调整到最佳状态，以积极向上、阳光无限的状态出场演讲。欧洲一位知名的哲学家曾经说过这样一句话："一个充满了激情的演说者，常常使听众和他一起感动，哪怕他所讲的内容十分空洞。"的确，演讲者的满腔热情不仅能吸引听众，还能感染听众，更能打动听众，所以演讲者在出场之前，必须做的就是把自己的状态调整好，给听众一个良好的第一印象，让他们对你接下来的演讲充满期待。

第三，演讲不仅仅是演讲者站在台上讲，听众坐在台下听，它更是一种双向交流。所以，演讲者在登上讲台时，就要及时与台下的听众进行语言、眼神上的情感交流，并观察听众的反馈情况，根据反馈的信息及时调整自己的状态，唯其如此，这场演讲才会是成功的、精彩的，才能够给听众带来意想不到的收获。

第四，演讲者不要有自以为是、恃才傲物的心态，即使你已经达到学富五车的程度，走遍了世界的各个角落，见到过无数的政治家、商界精英、演艺明星，也一定要记住，听众才是真正的老师。他们中藏龙卧虎，在你出场的时候，演讲者的价值几何，在他们的心中已经有一个明确的数字了。

演讲家的成长是一个漫长的过程，但在登台之前、出场之时，心中装有爱、装有真诚和善良是必要的。每一个有志于成为演讲家的人，都可以在演讲历练方面多用点心，相信这个历练是不会白费的。

个性创意：不走寻常路

富有个性的创意是什么？说到底就是颠覆传统的叛逆，是不走寻常路，同时，也是一种展现个人文化底蕴的方法。简单来说，个性创意就是具有新颖性和创造性的想法。对于演讲而言，也是同样的道理。因为这是现实性和艺术性高度融合的一种表达方式。演讲水平的高低与演讲者的创意密切相关。那么，个性创意从哪里来呢？

有人说演讲的个性创意来源于灵感，但我认为更多地来源于对演讲艺术锲而不舍的追求。每当我要进行一场演讲时，心中都会设想这次演讲要达到怎样的效果，要实现什么样的目标，如何给听众带来乐趣，如何让他们接受新的思想，如何展现自己的能力。富有个性的创意就是这样产生的。

演讲是演讲者最具个性色彩的展示，而个性创意大多源自演讲者自身的经历和体验，把这些一一讲出来，往往能让听众感觉到你的演讲是独特的。

我在给企业家做培训的时候，大多会讲我自己的一些亲身经历。我在创业的初期也是无头苍蝇一样，到过北京、青岛，也到过上海，跑过许多城市。当时我就想，世界这么大，一定有我发挥自己能力的地方，只是我没有找到而已。后来，我在上海找到了梦寐以求的企业，加入其中，从一名小业务员做起，一步步从优秀员工上升为组长、项目主管、部门经理。我凭的是什么呢？就是我骨子里那种不服输的干劲和执行力。那么对一个企业而言，最重要的是什么呢？不仅仅是老板和高层管理干部，还包括大批的基层领导和员工，都需要有激情，有不服输的干劲，有强大的执行力和责任感……

那些听多了口号和套话的老板们听了我这样的演讲，都认为这是实用、有效、新奇、绝妙的演讲。因此，演讲者自身的经历、体验，是迸发个性创意的沃土。讲出自己的独特体会，你的演讲就是有个性的，同时也是有感染力的。

个性创意要靠思想去点燃。自身的经历和体验，包括日常的积累和学习，生活、他人、书本、各种媒体都是个性创意的源泉。

> 一次，我要去为大学生做一次演讲，主要内容是对待学习的态度，如果我只讲一些大道理，这些天之骄子根本不会买账。我急于寻找到一个富有个性的创意，但是没有用，好几天过去了，也没有找到。正当我苦闷时，想要给妈妈打个电话，然后一下想到了小时候听过的一个故事。四五个村民到山里去打柴的时候迷路了，怎么走也走不出深山。深夜来临后，他们只好找到一个可以安身的地方休息。这时，有个神仙来到他们面前。村民满怀希望地请求神仙给他们指出一条出山的路。结果神仙却告诉他们：要多捡路边的石头。有的人根本听不进去，因为自己的家乡到处都是石头。有的人就听话地捡了几块放在口袋里。当他们找到走出深山的路时，发现石头变成了金子，大家很后悔捡得少了。
>
> 我以这个故事为蓝本，有了一个很好的个性创意：大学生的学习正如这些石头，不上课、沉迷于网络游戏的大学生，就如同不屑于捡石头的村民一样。进入社会，需要金子的时候，他们会后悔没有去拾那能成为金子的石头。我把要讲的道理，用一个寓言故事去表达出来，富有个性的创意就会给人深刻的启发。

有了演讲的个性创意，对于一场成功的演讲而言，并不是万事大吉了。那么，如何去体现个性创意呢？比如，人们熟知三角形的特征，会用它描述一个地方，如"长三角""珠三角"等。我在讲人格的魅力时，就套用了三角形的特征，形成了演讲创意，以三角形特征为基础，在讲述三角形原理，解释三角形边长和面积的过程中，把人格的魅力贯穿其中：每个人的智慧、道德、意志各为三角形的一条边，这就是人格魅力的"金三角"。三条边缺一不可，否则，就无法构成"金三角"。三角形的面积取决于三条边的长短，任何一条边的增减，都会影响三角形的面积，即会影响一个人的人格魅力。

  我把"金三角"的理念拓展到人格魅力上，形成一个鲜明的演讲思路。这样，不走寻常路的个性创意，给听众带来了前所未有的新鲜感，也达到了我的演讲目的。

巧妙铺垫：声情并茂的四个技巧

演讲时声情并茂，可以使演讲大获成功。这里讲的"声情并茂"包括悦耳动听的声音、充满激情的表达，这是需要演讲者在日常生活中不断地积累和磨炼才能达到的境界。所谓"台上一分钟，台下十年功"，就是这个道理。如果没有巧妙的铺垫，是不可能出现高水平、高质量的演讲效果的。

那么，演讲要做到声情并茂，有没有一定的技巧呢？

当然有。按照我以往的演讲经验和体会，要完成一次声情并茂的演讲，在铺垫时要把握好如下几个技巧：

1. 积极向上

例如，一场主题是"如何在遇到困难时走出消极的阴影"的演讲，其关键词是"困难""消极""阴影"。不管是在生活中还是工作中，谁都会遇到困难，应该从"如何有一个阳光的心态"这个层面入手。演讲要紧密结合自己在以往的日子曾遇到过哪些困难，是如何去面对的，要有自身特色。虽然我们从事的工作很平凡，虽然我们不是什么伟人，但我们有一颗积极向上的心。因为贴紧了主题，大家听起来就亲切，就一定可以感动他们。

2. 字正腔圆

一场演讲是否成功，取决于演讲者的水平有没有正常发挥出来。所谓演讲，是表演加上讲话，也就是说，就算你面对的全部是家乡的父老乡亲，也要用普通话去演讲。因此，平常要加强普通话练习，力争在演讲时发音标准，吐字清楚。语言表达要干净、利落、清脆，做到掷地有声，不能让听众听不清楚你在讲什么。尤其是不能有"是吧""嗯""啊"等习惯性口语和让人产生歧义的话语，还要注意表达不清的毛病。湖北、湖南、广东、福建、云南、四川等地的人，想说好普通话的确不容易，但只要我们能够横下一条坚定的心，经过不懈的努力，相信大家的普通话是完全可以说好的。

3. 抑扬顿挫

尽管演讲与唱戏、说相声不一样，但都是以语言为基础的一种表达形式，在把故事讲完整、讲好的前提下，必须突出艺术性。也就是说，演讲是声情并茂的表演，是绘声绘色的讲话。所以，韵律婉转优美尤其重要。抑，是压抑、抑制，就是把声调压低、放慢，一般是表达沉重、悲伤的事情；扬，是张扬、扬起，是把声调提升，加大音量，一般是用来表达兴奋、喜悦的情感，或者是强调重要的地方；顿，是停顿，是句子与句子之间、段落与段落之间的适当间隔，如同音乐里的休止符，书法、国画里的留白处；挫，是短促有力，一般用来表达着急、危险的情景，或者表达着急的心情。如果你的演讲能够做到抑扬顿挫恰当，就能让听众感觉如高山流水般畅快优美，是一种身心上的享受。

4. 以情催声

演讲时讲的那些故事，发表的那些感慨，目的是帮助台下的听众解决困扰他们的问题。不管是讲故事、发感慨还是议论，都是演讲者想告诉听众道理的一种表达，是演讲者内心的情感流露。所谓言为心声就是这个道理。

所以，情是基础，声是表现，声是为情服务的。演讲者要利用对声音的把控，去把握住情的表达。声的控制包括音量、语气和语速。喜事，则声扬，声缓；悲伤，则声抑，声促。放声大笑，是情感的表现；低声哭泣，是情感的表现；低声倾诉，也是情感的表现。情之高潮，必然以声的高昂为表现形式。情之所至，声必动容。

在一场成功的演讲中，演讲者一般会安排几处高亢昂扬的高潮。要是从开场至结束频繁高潮，则会起到相反的效果。因为，听众对那些过度激动，一直处于亢奋状态的演讲者并不感兴趣。有时，情的高潮，也可以采用低缓的声调，甚至停顿来表达。所谓无声胜有声，说的就是这个道理。

设置悬念：调动听众急于知道答案的心理

设置悬念是戏剧、电影和小说常用的表现手法，即把故事情节和人物命运设置得一波三折，吸引观众或读者一直看下去的一种方法。在演讲中设置悬念能激发听众的好奇心，能促使听众聚精会神地听演讲，调动听众急于知道答案的心理。

在一次演说培训课上，我问学员：谁知道什么是全力以赴？有个学员是一家企业的中层经理，他认为就是竭尽全力地去做好老板交代的工作；有个学员是刚提升上来的主管，他说是没有任何理由地去工作。我对他们说："这都是一些司空见惯的套话。"他们问我："那你说什么是全力以赴？"

> 我给他们讲了一个小故事。有个猎人去打猎，刚进入狩猎区就看到一只小兔子，他立刻将猎枪举了起来。讲到这里，我问坐在台下的学员："你们说，猎人打到兔子了吗？"有人认为打到了，有人认为没打到，我说打到了，然后接着讲故事。猎人对跟在身边的猎狗说："去！把兔子给捡回来。"猎狗急忙向受了伤的兔子追过去，却一无所获地跑回来了。猎人问："我已经看见兔子中枪了，你怎么还让它逃跑了呢？"猎狗一脸无奈地对猎人说："我已经尽力而为了。"受伤的兔子回到窝里后，兄弟姐妹都围着它，想知道它中枪后一条腿已经断了，身后还有猎狗在追击，是如何跑回来的。兔子说："猎狗追我，只不过是为了一顿美餐，不会拼命追，而我逃跑是为了能够活命，所以我必须全力以赴。"

你看，不用再说其他的，学员都能够从故事中听出什么是全力以赴了。因为我一开始就给这个故事设置了一个悬念："什么是全力以赴"，这与大家日常听到的对全力以赴的解释确实不一样，充分调动起了学员想知道答案的心理，他们才有兴趣听我讲下去。

再比如，我在讲"不相信自己的意志，永远也做不成将军"这堂课的时候，我问学员："你们知道一个人的意志可以起到多大的作用吗？"他们都说很大、很重要。但究竟有多大、多重要呢？他们说不出来。于是我给他们讲了这样一个故事。

> 在很久以前，当了将军的父亲带领着还是无名小卒的儿子上了战场。当出击的号角吹响时，儿子就要跃马杀出了，父亲郑重地摘下挂在自己身上的箭袋，里面插着一支箭。他严肃地对儿子说："这是一支威力巨大的宝箭，你带在身边就会战无不胜！"并一再告诫儿子千万不要把宝箭抽出来。这是个做工精美的箭袋，用厚牛皮制作而成，镶着金黄的铜边。看看露在外面部分的箭尾，儿子一眼便能认定这是一支威力无穷的宝箭。儿子由于有了宝箭在身，胆量顿时大了许多，敌方的一员大将被他一刀斩于马下。
>
> 儿子认为自己有宝箭护身，战无不胜。他受好奇心的驱使，把父亲的叮嘱完全抛到了九霄云外，他一下把宝箭从箭袋中拔了出来。突然间，他惊呆了，这是一支断箭，箭袋里装着的竟然是一支折断的箭，自己一直背着一支断箭杀敌呢！儿子立刻出了一身冷汗，就像一下失去支柱的房子，他的意志全部坍塌了。结果，失去意志的儿子惨死在敌人的刀枪之下。
>
> 战争结束后，幸存下来的父亲看了看儿子的尸体，既痛又恨地说道："不相信自己的意志，永远也做不成将军。"把胜败寄托在一支宝箭上，是愚昧的；而把自己的生命放心地交给别人，更是极其危险的行为。如果你把自己考上大学的希望寄托在老师身上，把发财的梦想寄托在父母身上，把生活幸福寄托在金钱上

> 面……其结果肯定会让你大失所望。因此，你自己才是那支无所不能的宝箭，不管碰到多大困难，出现多大的灾难，能够拯救你的只能是你自己。

在给一家大企业进行员工培训的过程中，我采用的也是设置悬念的方式，以调动听众急于知道答案的心理。我问他们，你们之中有谁买到过后悔药吗？我看到许多人都坚定地摇了摇头。的确，世上没有卖后悔药的，这是真理。

> 一个老工程师已经走不动路了，向老板提出了退休。老板当然把这位对公司做出巨大贡献的好员工当成了宝贝，不想让他走。老板说："在走之前，请你再帮忙建一座房子吧。"老工程师答应了。但是，他的心早已经不在这里了，对于工程的质量要求再也不那么严格了，所以，完工后的房子并不那么合乎质量标准。让他没想到的是，老板竟然把一串钥匙交给了他："这座房子就是我送给你的礼物，作为公司对你多年辛勤工作的奖赏。"老工程师震惊、羞愧、后悔至极。要是早知道这是给自己建造的房子，他怎么也不会这样敷衍了事的。

我讲的只是一个小故事。可在日常工作中，敷衍塞责的员工到处都是。虽然我们还没有像老工程师那样老到走不动路，却总是像他在退休前建造房子一样粗心大意、敷衍了事。我进一步讲：企业是个大家庭，每个员工的一举一动，都是为企业这座大厦添砖加瓦。所以，每个员工都要摸着良心问问自己：我是像老工程师提出退休之前那样认真负责、兢兢业业，还是像他建造最后的房子那样极不负责、敷衍了事？世上没有卖后悔药的，当我们发现居住的房子质量低劣、摇摇欲坠，却是自己亲手建造的时候，后悔也来不及了。

第四章

演讲主体：
以充实的内容吸引听众

　　有些演讲者之所以得不到听众的认可，最主要的原因是没有满足听众的内心需求。演讲的立足点和出发点是确立主题的最佳方法，是演讲成功的基石。在演讲过程中穿插一些小故事，是一场成功演讲的点睛之笔。

投其所好：引爆听众的兴趣点

通过这么多年的摸爬滚打，我明白，作为一名出色的培训师，最关键的是要了解听众，熟悉他们的兴趣点在哪里，清楚怎样才能调动起听众的兴趣点，只有这样才能让听众专心地听课，收到良好的学习效果。

演讲者了解听众的内心需求，并投其所好，是保证一次演讲成功的关键。如果演讲者能够做到这一点，即使你的演讲有点无关紧要的小毛病，也会得到听众的认可；如果做不到这些，能力再强的演讲者也会失败。

的确，有些演讲者之所以得不到听众的认可，最主要的是没有满足听众的内心需求。许多演讲者单方面觉得，不必知道听众需要什么，把自己想讲的内容讲给听众就可以了。

> 我在大学期间，曾从事过电信业务的推销，说白了就是销售电话卡。这份工作虽然简单，但使我受益匪浅：如果客户觉得我讲的内容对他们来说没有意义，马上就会把我赶走，即使让我在那里不停地讲下去，他们也没用心听。我无法知道他们内心深处想的究竟是什么，我只能力求让我讲的东西都符合他们的兴趣点，都是他们所需要的。
>
> 后来参加工作了，在培训机构从事销售工作，每当碰到那些稍微有点学习意向的客户，我就跟他们说："你在生活或工作中一定会遇到什么难题，并且在你找到解决方法之前，这个难题会一直困扰着你。到我们这里来参加培训吧，在这里，只要提出你的难题，我们的培训师就会想尽一切办法帮你解决。我能保证，通过这次学习之后，你会有一个很大的改观。"他们接受了我的建议。

在每一次的演讲中，我不会期望坐在台下的听众能够和我一样激动不已，但我必须投其所好，引爆听众的兴趣点。无论我的演讲多么有价值，只凭我一个人的热心是不够的，必须让台下的听众兴奋起来。他们的内心深处对我其实是持怀疑态度的，而我要做的，就是投其所好，就是消除他们的疑心。因为，就算是说明一件事情，人也不会什么都讲。我所讲的全部应是听众想听到的。

每个人的内心里都有一个啪啪作响的小算盘，这个小算盘在不停地计算着：听这次演讲能给我带来什么好处？一名优秀的演讲者，应该有一个清晰的设计，并能据此设计出自己的演讲稿，还应该不断地想：我能给这些听众带来哪些好处呢？

因此，如果一个听众的目的是聆听一场干货满满的高质量演讲，结果演讲中却充满不着边际的笑话和幽默，他所期望的东西一点也没有得到，想一想，此时这个听众的内心是怎样想的？他肯定会失望透顶。为了避免这种现象出现，我们应该想到的是：坐在台下的听众究竟关心什么？如果我们能投其所好，引爆他们的兴趣点，我们就向成功迈进了一大步。

每个人能在这个世界上生存，都有他们自己的独特方法，就像毒蛇有剧毒的牙齿、狮子有锋利的爪子。所以，我们要以他们的需求为基础，去开导他们、教育他们。如果我们演讲的内容正是他们所需的，他们一定会有兴趣听我们演讲的。

当我给一些企业领导做培训的时候，就会去了解他们所遇到的是哪些问题。我就把演讲的内容定位在解决这些问题方面，告诉他们应该怎样去解决这些问题。和企业领导讨论怎样更有效地管理自己的部门时，我知道其中的一项是需要管理好员工的执行力，我就告诉他们如何才能做到这一点。这正与企业老板对员工的要求一致，所以他们听得非常专心。

我演讲的原则是，无论台下的听众是几十人还是几千人，我都会以听众的需求为基础，投其所好，引爆听众的兴趣点。这样一来，成功就是水到渠成的事情了。

有的放矢：根据听众情况设计演讲内容

演讲是人们在工作和社会生活中经常使用的一种交流方式。它可以用来沟通思想、交流感情、表达主张、阐述见解，有时也用来介绍自己的工作情况和经验等。同时，演讲也具有宣传、鼓动、教育的作用，演讲者把自己的观点、主张与思想、感情传递给听众，使他们处于迷惘的心情能够见到阳光。我们该如何设计演讲内容呢？

1. 了解对象，有的放矢

众所周知，演讲是讲给别人听的，不是用来自言自语的。所以，设计演讲内容时首先要搞明白听众的基本情况：了解他们的思想状态、受教育程度、从事何种职业；明白他们所关心和一直困扰他们的难题有哪些，等等。否则，不了解听众，演讲内容设计时再花工夫，演讲得再激情四射，听众也不会感兴趣，场面冷冷清清，起不到宣传、鼓动、教育的目的。

2. 观点鲜明，感情真挚

演讲观点要设计得鲜明突出，这可以让听众觉得演讲者对一件事情的理解是何等的深刻以及他对客观事物的见解是多么独特，让听众在内心深处产生一种可信性和可靠感。而如果设计的演讲稿观点不鲜明，在说服力方面就会大打折扣，达不到演讲的目的。

演讲时具有强烈的情感，才能感染听众，才有鼓动性。演讲者需要在演讲的过程中充满情感色彩，将说理和抒情完美地结合在一起，既有冷静客观的分析，又有热情强烈的鼓动；既有愤慨，又有感动；既有惊喜，又有意外。当然，这种真诚动人的感情不应是训练出来的，而应是水到渠成自然而然的，就像春天树木发芽、鲜花盛开一样。

3. 行文变化，富有波澜

完成一场完美的演讲所涉及的因素有很多种，有内容如何设计，有先后安排，也有研究听众的心理特征和了解现场的规律。如果能研究好听众的心理特征，加上恰当地选择材料、安排演讲的先后次序，也能在听众心里激起波澜。也就是说，演讲要设计得有趣味、有起伏，关键不是声调的变换，而是靠扎实的内容去支撑，有紧有松、有强烈、有反复、有比较、有照应。

4. 语言流畅，幽默风趣

演讲者要把心里的所思所想全部都用一张嘴展现出来，让听众听得到、感受得到你的观点，就必须根据听众情况设计演讲内容，这样才能做到有的放矢。所以，演讲内容设计得是好还是差，对演讲成败的影响极大。要想提高演讲的质量，不能不在语言上费一番心思。

演讲稿是进行演讲的根本，是对演讲内容及形式的规范、提示，它体现着演讲者的目的和手段、演讲的内容和方法。演讲稿具有以下三个特点：

针对性。演讲最多的表现形式是利用公众场合进行宣传。它以故事、讲述、感情、事例和理论来告诫听众，让听众觉醒，知道自己该干什么不该干什么，必须要有具体的针对性。如何做到这一点呢？首先是演讲者提出的问题是听众搞不明白的问题，评论和分析要有清晰的逻辑思路，要让听众乐意接受并采取行动，这样，才能达到演讲应有的社会效果；其次是要了解听众有不同的人物和不同的层次，而场地也有许多种类型，如饭店、俱乐部、学校、企业会议室等场合，要根据不同场合和不同对象，设计不同的演讲内容。

可讲性。演讲的重要之处在于"讲"，而"演"只是辅助的作用。由于演讲要用嘴巴去说出来，写稿时必须考虑到"说"的便利。如果说书本上文章主要通过眼睛去领略其中的寓意，而演讲则是"上口入耳"。一篇上乘的演讲稿，演讲者可以讲得有声有色，听众听得有滋有味。因此，根据听众情况来设计演讲内容，是一个切实可行而又行之有效的方法。

最后是鼓动性。演讲是一种职业，也是一门艺术。出色的演讲有一种激发听众情绪、赢得肯定的鼓动性。要达到这种水平，首先要把演讲稿设计得有思想、有内容，并且丰富、深刻，见解有独到之处，发人深省，表达要形象、生动，富有感染力。

有的放矢：对思想主题进行准确的表达

要知道，演讲的立足点和出发点，是确立主题的最佳方法，这是演讲成功的基石。

我通常会就事物本质属性的一个方面进行分析、升华。一个突然迸发的灵感可能导致我产生一个有效的演讲创意，在此，我所选择的演讲材料都是服务于主题表达的。主题定位决定着一场演讲能否成功。因此，我不管是讲人、讲事，还是论述，都不会仅仅讲表面现象，而会由外及内、从简到繁地分析事物的本质，从而确立思想主题。

一位演讲者曾经两次到大学演讲，都讲到了偶像。第一次是对刚进入大学的新生谈偶像与青春的关系："我认为，那些偶像也是有五官和四肢的人，与你我没有什么区别，只是在某个方面表现得不同，引起了人们的广泛关注……作为21世纪的大学生，我们往往只看到他们的优秀之处，却看不到他们的短处，比如有些偶像道德败坏……大学生应该看到自己的优秀之处，把偶像所具有的长处有选择地学习过来，弥补自己的不足。"

他立足于"对偶像的膜拜就是否定自我"的思想主题，准确地表达出"我的偶像就是我自己"的观点。

第二次演讲是面对即将走向社会的大四毕业生，同样讲偶像，他是这样开头的："人生需要偶像，因为偶像是我们走向成功的参照物。用他们的事迹激励我们，我们的人生就不会漫步在无目的的旅途之中。就算我们遇到再大的困难，只要我们心中有一个勇于克服困难的偶像，那么我们的明天就会一片光明！"

这位演讲者抓住偶像对青年的人生理想、事业成就、生活情趣等方面的影响进行渲染，旨在说明青春需要偶像这一主题。

前后两次不同的演讲主题都深刻分析了偶像本质上的东西，由于主题不同，表达出来的结果也就不同。所以，要想在演讲中有的放矢，就需要对思想主题进行准确的表达。

许多事物的本质往往不是一面的，它们的外在特征剖析、横向推演的方法也不一样。此时，演讲者要从事物的一个方面出发，作为论述的切入点，通过形象的概括，延伸到人类某些经验、规律和哲学思想。这就是主题在某一特征框架下的意义。这不仅可以激发听众的智慧，还可以营造出哲理美的境界。

想在演讲中对思想主题进行准确的表达，前提是在立意、结构、技巧和言语等方面精心推敲，怎样讲有效果就怎样去表达，全方位地表达演讲内容和思想主题，让自己的演讲既趣味无限，又全面深刻，完美展现主题。

比如，一位演讲家在演讲"无悔的青春"时就是通过多个方面、从不同角度表达了一个共同的主题："在大城市工作的年轻人都有一颗积极向上、奋斗不止的心，或许，他们是在为明天的成功做着准备……你看，公交车上，一位满脸大汗的售票员和一车的乘客，共同奔向前方……

"一位小伙子把一叠厚厚的钞票，交给了柜台后面的营业员。'你的地址是这个吗？''是的，我都寄好几次了，不会错的。''可你的邮编是错误的呀。''哦，可那里的孩子还是能够收到的呀。'营业员一边快速在汇款单上写着一边说：'下次再给山里的孩子寄钱时，记得写这个邮编。'

"一位老板样子的人紧紧地握住一个年轻人的手，一脸慈祥地说：'真没想到你会这么执着，好吧，我们公司就需要你这样具有锲而不舍精神的人，欢迎你加入我们公司！'"

这位演讲家为讲台下的听众演讲了这几个情景，从不同方面描述了在大城市工作的年轻人。尽管他们很辛苦，但他们都有充满阳光的心态。他们不屈不挠，他们情操高尚，他们敢于拼搏，感人肺腑，令人崇敬，具有很强的感染力。

对思想主题进行准确的表达，要根据具体的内容去确定，要选择最能反映思想主题的语言去诠释。我不会一味追求演讲名篇的方式，走别人走过的老路，而是用符合听众需求的思维形式和情感变化去表达。

  此外，在确定思想主题后，还要注意选择表达主题最关键的方式。不仅要抓住事物的特征、反映出客观事物的本质，更重要的是，所确立的形式要能够达意表旨、析理明道，使演讲具有最佳的感染力。

现身说法：以亲身经历引起听众共鸣

演讲是打动听众的过程，如何用声情并茂的演讲去打动听众并尽可能地吸引和征服他们，是所有演讲者最为关心的问题。

一个优秀的演讲者，一般会把自己的亲身经历作为演讲的素材，为听众现身说法，因为自身经历的事情感受最深、最有说服力，也更容易打动听众。我在一次课程中讲过：人生的经历是一笔财富，更是演讲中最好的素材。

课程中我讲到我幼年时的贫困生活。这样的生活环境没有让我不快乐，它塑造了我吃苦耐劳、艰苦奋斗、坚持到底的精神。课程中我也给学员分享：人生路上所遭遇的挫折、困难、冷眼都是我成长路上最好的肥料。

正是这样的经历引起了很多学员的共鸣，因为学员中大多数都是企业家，他们觉得我的生活经历和他们很相似，感悟也很相似，所以就有更多的学员走进了这个课堂。

在四川汶川发生大地震后，中央电视台一位著名节目主持人应邀为灾区即将参加高考的学生加油。

这位主持人发表了这样的演讲，现摘录如下。

> 在过去的一段时间里，你们提前参加了一门课程的考试——怎样应对突然降临的灾难，并且都考出了好成绩。无论是你们即将参加的高考，还是在以后的人生之中，突然降临的灾难，永远是一门必修的功课。在我很小的时候，父亲去世了。接着，从小带我的爷爷也去世了。那时候，妈妈带着我和哥哥艰难地生活着。

> 我们家在东北，大家也许不知道东北的冬天有多冷。由于没钱，家里没有自来水，每天要走很远的路去挑水，我还在刚刚挑得动两个小半桶水的时候，就开始接过这项任务了。当苦难过去后，再回头看时，这些经历都会带有温暖的感觉。我相信多年后，你们再回忆起这个临时组成的班级、学校和一起面对过苦难的同学，你们会觉得更多的是温暖，而不是痛苦。我相信，如果没有这次灾难，高考时，许多家长都会去学校等你们，上大学时，也会送你们到车站或学校。有了这次经历，相信你们不会再用父亲接送了，自己的路自己去走，去成长。你们比其他没有经历过这次灾难的人有了更多的优势，不是吗？

这位主持人的演讲引起了同学们的共鸣，经久不息的掌声响彻整个校园。

这次的演讲之所以会引起听众的共鸣，除了情感真挚、语言动人外，有一个很重要的原因——这位主持人在演讲中现身说法，谈童年的经历。失去亲人的痛苦、支撑起家庭的重担让在灾难中失去亲人的同学们深有感触。所以，他让听众受到激励，起到了极大的鼓舞作用。

从这位主持人的演讲中，我懂得：如果只是不停地讲故事、发感慨，可能达不到良好的演讲效果，而现身说法，讲出自己的真情实感，就更能打动听众，引起他们的共鸣。

享有"当代福尔摩斯""华裔神探"美誉的一位国际刑侦专家，给某大学的师生们做了一场题为"使不可能成为可能"的演讲。他讲道：

> 有些人觉得我从小就有当一名刑侦专家的志向。其实，这个想法是错误的，我在初中时希望长大后当个篮球明星。但是，后来发现自己的个子很矮，大家知道打篮球的都是大个子，像我这样的，怎么与别人争抢篮球呢？那就选择警察职业吧。
>
> 那一年，我来到美国，身上没有多少钱，英语就会几句简单

的日常用语，那时候只有一个信念：只要自己努力就有成功的机会。于是，我一直是明知山有虎偏向虎山行，知其不可而为之，这样才能够使不可能变成可能。我一边打工一边读书，同时还兼职做三份工作，我用两年多的时间完成了四年的大学课程。有人认为，一个中国来的小警员根本不可能得到博士学位，更不可能做教授、科学家。而我经过努力都做到了，成为出色的鉴识主任和美国华裔警政厅长，亲自参加多起要案的侦破工作……的确，人生就是一次漫长的旅程。大家知道旅途中是有高有低的，在高的时候不要骄傲，在低的时候不要气馁，给自己制定一个目标是很重要的。因此，我一辈子其实只做了一件事，那就是把不可能变成可能！

在演讲中，这位国际刑侦专家给现场的师生们现身说法，将自己在美国的求学和一生工作的经历，全部讲给大家，不仅增加了演讲的说服力和可信性，而且让大家有了更真切的认识，更加懂得了"使不可能成为可能"这句话的真正含义。

在演讲的过程中，如果演讲者能够现身说法，就等于把自己的心掏出来给听众看，听众见到你这样真诚，知道你是在和他们说真心话，他们就会相信你。如此，交流的桥梁就建立起来了，为演讲的顺利进行打下了基础。因此，在演讲的时候，给听众多讲讲自己的亲身经历、自己的感受以及感悟，一定会比一味地说教好得多，效果也强得多，是一种引发听众共鸣的有效途径。

巧妙引导：让听众跟随你的指挥棒转

在一个装修考究的音乐厅里，座无虚席，万籁俱寂。指挥家表情庄重地站着。慢慢地，他挥起手中的指挥棒，乐队顿时演奏出动听的乐曲，优美的旋律为听众们带来了一场听觉的盛宴。

这与演讲有着许多相似之处，如果想让听众跟随你的指挥棒转，那你就要懂得引导听众的兴趣。

那么，如何才能巧妙地引导听众呢？以下是一位演讲者在一次演讲比赛中的演讲：

> 在我上大学的时候，学校的边上有一条小吃街，街道两边全是一家一家的小吃店，其中有一家卖法式蛋糕的，老板是个法国人，大家都叫他蛋糕老板。一天，我在校园里偶然看到一个同学抱着好几盒蛋糕回来，一脸开心的样子。看到我后，他就说："小子，蛋糕吃不？蛋糕老板的店到了关门的时候，蛋糕是可以随便拿的。他一般都会做很多蛋糕，到晚上8点后，他就开始半价出售，关门之后，卖不了的就放在门口的一个冰柜里。后来，我发现冰柜没有上锁，就直接拿了。"我说："冰柜上有让人免费拿的字条吗？"他说："这倒没看到，但是这个蛋糕到第二天的时候，就会变质，坏掉了就不能再卖了，如果我们不吃也会被丢掉，我是在做好事，帮他克服困难呢。"我听了觉得好像很有道理。

这位演讲者一开始并没有讲自己偷蛋糕的事情，而是在讲一个同学"拿"蛋糕，并对同学关于"拿"蛋糕行为的辩解产生心理认同。这种演讲方法看似平淡，其实并不简单，这等于举起了一根指挥棒，让听众跟着他的指挥棒转。听众会产生这样的怀疑：这个同学"拿"了蛋糕，演讲者也会去"拿"吗？

演讲者继续说道：

> 某天晚上，我路过蛋糕老板的小店，装有蛋糕的冰柜果然没上锁，我顺手拿了一盒出来。正当我得意的时候，有人喊："嘿，你在偷蛋糕吧？"我看到一个年纪和我差不多的人，正打电话给蛋糕老板，问他怎么处理这件事情。蛋糕老板却要我接电话。他说："说真话，你有没有偷我的蛋糕？"我说："偷了。"蛋糕老板说："你为什么偷呢？"我说："反正你也卖不完，扔了很可惜的。"蛋糕老板解释道："卖不完的，我也不会扔掉，我捐。我有很多家这样的小店，每天卖不完但还新鲜的蛋糕，都会赠给附近没有饭吃的人。你偷的这盒蛋糕，是一个流浪老人的晚饭。你认为自己很聪明，认为拿蛋糕很有理由，你明明知道这样做是不对的，为什么还要做？你是在用你聪明的脑袋，却没有用你的良心。"我顿时觉得自己就像一个十恶不赦的坏蛋，羞愧得恨不得钻进地缝里。

演讲者偷蛋糕被别人抓个正着，并接受蛋糕老板的教育，接着上一段的情景，由人及己地把听众的怀疑解答出来。演讲者偷盗行为的关键不在于一盒蛋糕本身，而在于侵害了其他人的利益。如果说上一段听众还只是看到了一根指挥棒，此时已经跟随它转了。

> 让我想不到的是，过了一会儿，那个人仍不让我走，他打开冰柜，说："老板说让你自己拿几盒蛋糕，他让我告诉你，这是以良心送给你的，期待你今后多多用心。"我说："我不能拿……"那个人说："让你拿就拿吧，老板在电话里说了，让你至少要拿

一盒。"我很别扭地拿了一盒蛋糕。走在回学校的路上,看着手里的蛋糕,突然有种说不出的悲凉,心里难过极了。

灯火辉煌的城市中,有很多无家可归的流浪者,我看到一个流浪老人在一栋大楼的台阶上坐着,我把那盒蛋糕给了他。我觉得,蛋糕老板能够原谅我,多半是由于我真诚地悔改了,他知道我不会是一个惯犯,他给了我今生都无法忘记的教训。

演讲者出人意料地讲了两个精彩点:一是蛋糕老板没有追究,而是让他拿一盒蛋糕;另一个是演讲者把蛋糕老板送的蛋糕送给了流浪老人。这两个精彩点相辅相成,第一个精彩点为第二个精彩点做足了铺垫,第二个精彩点是第一个精彩点的结果,这也是演讲者主动认错换来的。他的反思紧紧地扣住了演讲主题,通过巧妙引导,让听众跟随他的指挥棒转。

设计情境：用小故事来助推演讲高潮

要想完成一次成功的演讲，事前要设计好情境，然后在恰当的时候用小故事来助推演讲高潮。的确，在演讲中穿插小故事是一场成功演讲的点睛之笔。那些小故事是一场成功演讲飞溅的浪花，精彩段落就是它高高涌起的潮头。因此，小故事与精彩段落相辅相成，互相帮衬。我们从演讲的谋篇布局、主题思想的角度看，段落比句子占有更重要的地位，如果没有了精彩段落，小故事便成了无源之水。简而言之，一场完美的演讲也许没有令人深思的警句，但是，它不能没有升华主题的小故事、归纳中心的段落、畅抒情感的段落、传神描写的段落和扣人心弦的事件。比如，我在讲每个人的一生都会经历高潮和低潮这个主题的时候，会在其中穿插这样一个小故事：

> 有一年，福利彩票大奖许多期都没有人中，奖金的额度越来越高，大家都抢着购买，祈祷自己成为中大奖的幸运者。
>
> 一个五十多岁的送奶工也去买了一张。他想："要是我能中大奖，从此就不用再起早贪黑地给人家送牛奶了。"碰巧的是，他居然真的中了大奖，成为福利彩票历史上中奖金额最高的人。从此，他的人生改变了，不用起早贪黑地去送牛奶了。为了尽情享受，他来到香港。在那里，他出入高级酒店和高档娱乐场所，过着属于自己的美好生活。八年后的某一天，有人在尖沙咀的一条街上又看到了他。让人想不到的是，他又在骑着一辆破旧的自行车去挨家挨户地送牛奶。原来，在十多天前，他以为怎么也花不尽的巨额奖金竟然只剩下五十多元了。此时，他已经六十多岁了，

> 他用这五十多元钱买了一辆旧自行车，再次成为一个送奶工。

听众听完了我讲的小故事，陷入了沉思，我接着往下讲："当我们春风得意的时候，要为以后的'走麦城'做好准备，提前做准备，总是有益无害的。"这样，我完成了一场精彩的演讲。

一位演讲者在讲"人与人交往，常常是意志力与意志力的较量"这个主题时，讲了这样一个小故事：

> 董有生是云南大山深处的一个村民，不仅是他，即使往上翻三代，也没有人出过大山。光棍一条的董有生烟不抽、酒不喝，更别说赌了，他攒了十多年钱，跟着一个旅游团到了美国。他参加的是豪华团，入住的宾馆每人一个标准间。这让他惊叹不已。早晨，服务员来打扫卫生时都会用英语真诚地说一句："早上好，先生！"董有生根本不知道这是什么意思，根据在自己老家的经验，如果有陌生人出现在大山的村子里，不认识他的人会问："您叫什么名字？"于是董有生大声回答道："我叫董有生！"接连好几天，都是那个服务员来打扫卫生，他每天都重复那句话，而董有生亦大声回答他那句话。董有生觉得服务员每天问自己叫什么，告诉他又记不住，真是烦死人了。他实在是受不了了，就去问导游那句话是什么意思，人家告诉了他，他恍然大悟："原来是这个意思呀。"董有生反复练习服务员说的那句话，以便能礼貌地回答他。又一天的早晨，服务员照常来打扫卫生。门一开，董有生就用英语大声说道："早上好，先生！"破天荒地，服务员竟然说："我叫董有生！"

他继续往下讲：我们的生活就是这样，不是你去影响别人就是被别人影响，而我们要想干出一番惊天动地的事业，就要先培养自己的影响力，只有有了影响力的人才有可能干出大事业。

第五章

余音绕梁：
别样的演讲结尾耐人寻味

"编筐编篓，重在收口；描龙画凤，难在点睛。"演讲的成败在相当程度上取决于演讲的结尾。如果演讲者设计的演讲开头和高潮很精彩，一个出人意料、耐人寻味的好结尾，就会锦上添花，给听众带来一种精神上的愉悦和满足。

重视结尾：给听众留下最后的印象

民间有一句俗话叫："编筐编篓，重在收口；描龙画凤，难在点睛。"套用到演讲上也是同样的道理，演讲如何结尾才能给听众留下最好的印象，就相当于编筐篓时的"收口"、画龙凤中的"点睛"。

我讲课时说过："好的演讲收尾使听众对你下次的演讲充满期待。"

有经验的演讲者会把结尾看得比开头还重要，需要给听众一种简洁有力、余音绕梁的感觉。同时，对于演讲者来说，结尾是整个演讲内容的升华或总结，应该让人感觉结束得非常自然。正如拿破仑所说："兵家胜败取决于最后五分钟。"同样，演讲成功与否，起着关键作用的是结尾。

那些言简意赅、余音绕梁的结尾，能够给听众留下最后的印象，并促使他们一直思考和回味你的演讲；而拖泥带水、索然无味的结尾则会让听众大失所望，并使他们在走出大门后就忘掉你的演讲。

当然，演讲结尾的方式多种多样，与文学创作所说的"文无定法"有着同样的道理。演讲者可根据自己演讲的具体内容、主题、地点、听众及自己的喜好等方面，选择结束演讲的最佳方式，使之有效为演讲的主题思想和目的服务。

需要再次强调的是，一场演讲是否成功，很大程度上取决于演讲结尾的好坏。这是因为演讲者在前面大段的时间内，已经把各种理念、道理阐明，甚至还添加上一些警句、格言、小故事之类，以使此次演讲达到完美。听众的情绪达到了高潮，因为他们觉得这样的演讲太精彩了，此时，一个回味无穷、引人反省、让人深思的结尾，能够达到锦上添花的效果。这不仅会给听众带来精神上的愉悦，更能满足他们追求知识的愿望。

相反，如果此次演讲的结尾让人觉得画蛇添足、不知所云，没有激起听众内心的波澜，给他们留下的只是千篇一律的老调重弹，让人感觉索然无味，这样，不仅听众本人深感失望，而且他们会把这份失望的心情传播给其他人。所以，演讲的结尾要比开头和中间部分更精彩，内容要更有深度，言辞要更真挚感人，方法要既出人意料又在情理之中，以达到发人深省的效果。可以说，演讲的结尾是走向成功的最后一步，它在整个演讲中起着举足轻重的作用。就像一个人要到一个城市去，他走了九百九十九公里，就差最后一公里了，但他突然累得走不动了，那他就到不了这个城市，前面所走的路、尽的力也就付诸东流了。

而那些发人深省、让人深思的演讲结尾，不仅能够揭示、提升主题，加深听众的理解程度，还可以给他们留下永不磨灭的深刻印象。优秀的演讲结尾能够总结全篇，使整个演讲过程浑然一体，就如同一幅绝佳的山水画，山山水水、亭台楼阁、曲径通幽，能鼓动起听众满腔的激情，促使他们闭目深思，令他们有一种醍醐灌顶般的觉醒，更能让他们反复回味演讲者在此演讲中讲述的一段段精彩的故事、几个深刻而富有哲理的独到见解，从中受到难以忘怀的教育和启发。因此，那些出色的演讲者不仅能够熟练地掌握演讲结尾的艺术，而且还善于设计、安排出既符合内容要求，又符合演讲主题的新颖而又精彩的结尾，所以他们的演讲才能取得完美的结果。

演讲的结尾没有一个一成不变的模式，要么是对整个演讲的主题进行简明扼要的总结，要么以号召性、鼓动性的话结束，要么以诗文名言以及幽默俏皮的方式结尾。无论以哪种方式结尾，唯一的原则就是要给听众留下深刻的印象。

耐人寻味：余音缭绕，令人感奋向前

作为一名把演讲视为生命的人，谁不希望自己的演讲即使结束了，听众已经离开很久了，依然还能"余音绕梁，三日不绝"？其实这个说法来源于《列子》中的一个故事。

> 战国时期，作为七雄之一的韩国，有一个很著名女歌手名字叫韩娥。她去齐国路过雍门时没有路费了，雇不着车马，所以只得卖唱筹集路费。她凄婉的歌声在空中回旋，就像孤雁长鸣一般。韩娥离去三天后，她的歌声仍缭绕回荡在天地之间，让人难以忘怀。
>
> 有一种琴名字叫"绕梁"，之所以取这个名字，是因为此琴音色优美，弹完之后余音不断。据说"绕梁"是一位音乐爱好者献给楚庄王的礼物，但后人并不知道这把琴是哪年制作出来的。楚庄王自从得到"绕梁"以后，天天与下人一起弹琴作乐，抛却所有的事情，陶醉在琴乐之中。
>
> 有一次，楚庄王竟然连续七天不处理国事。王妃樊姬决定向大王劝谏，她闯进楚庄王的娱乐场所，劝道："大王，您过于沉浸在音乐中了！历朝的教训您都忘记了吗？夏桀酷爱'妹喜'之瑟，从而招致死无葬身之地；纣王误听妲己的靡靡之音，从而失去了大好江山。现在，君王如此喜爱'绕梁'之琴，七日不上朝处理国事，难道也要为此丧失国家和性命吗？"楚庄王听她一番苦劝，感到左右为难——他无法抗拒"绕梁"的诱惑，但最后决定痛改前非，命人把琴砸了。琴身碎为数段，从此，众人羡慕的名琴"绕梁"绝响了。

2022 年 8 月 11 日，在小米公司成立 12 周年之际，创始人雷军做了一次非常特别的演讲，可以说既余音绕梁，又发人深省。这次演讲能够带给处于困境中的人有很大的鼓舞，催人奋进。

雷军演讲的题目是《永远相信美好的事情即将发生》，只听名字就已经让人对未来充满希望。"永远相信美好的事情即将发生"，这是小米公司一直在使用的口号。许多年前，在"红米手机"刚推出时，这个口号曾被直接打在手机屏幕上，令人感到无比振奋。

在小米公司，上至创始人雷军，下至每一个普通的员工，都相信美好的事情即将发生，对未来信心十足。否则，小米恐怕也无法跨过一个又一个难关，取得长足发展。

雷军在演讲中讲述了他卖掉卓越网的那段故事，这次的经历如果用一句话形容，可以说是倒在了黎明到来之前。

> 全球互联网泡沫破灭后，资本市场低迷，融资非常困难。那时的 VC（风险投资），基本都是外资。像我这样没留过洋，英文又不好的本土创业者，找钱就更难了。我们至少谈了 30 家，把所有能找的 VC 基本都找了个遍，没有一家愿意投钱。后来，实在没有办法，才从朋友那里融了 100 万美元，金山股东不得不又追加了 100 万美元，才勉强完成融资。但仅仅一年时间，又烧光了。
>
> 卓越网的创业历程，就是我们拼命找钱的过程，相当煎熬。
>
> 到了 2004 年 9 月，实在熬不下去了，我们只能忍痛把卓越网卖给了亚马逊，成了亚马逊中国。
>
> 谁也没想到，仅仅半年多之后，新一轮互联网热潮又来了，B2C 电商迎来了全面崛起的盛世。
>
> 卓越网，创办于互联网泡沫破裂之后，倒下于电商全面崛起之前。
>
> 这真的是一段刻骨铭心的经历。

雷军并没有沉浸在后悔当中，也没有被失败打倒，他总结了教训，并在后来成功创办了小米公司。他在演讲中表示：

> 面对这些挫折、失败，我也迷茫过、动摇过，甚至放弃过。
>
> 如果没有这些挫折，没有这些挫折带来的积累，就不会有今天的我。
>
> 没有任何人会喜欢挫折、失败，但每个人不可避免一定会经历，甚至，不少人现在正在经历。
>
> 既然这些痛苦难以回避，那我们能做的，就是直面这些痛苦，在痛苦中坚持前行，让痛苦来塑造更好的我们，这就是痛苦的意义、挫折的馈赠。
>
> 而你所经历的所有挫折、失败，甚至那些看似毫无意义、消磨时间的事情，都将成为你最宝贵的财富。
>
> 人生很长。无论如何，让我们保持信念：永远相信美好的事情即将发生。

雷军在演讲中并没有向大家展示自己多么成功，只是讲述了几次失败的经历，并鼓励大家，要对未来充满信心，说不定接下来美好的事情就会到来。演讲的内容很深刻，对处于困境中的人有很大的鼓舞作用，让听的人心弦触动，久久难忘。一个演讲者就要带给听众这种感奋向前的精神。

戛然而止：最好的演讲结尾是在听众意犹未尽时打住

最好的演讲结尾是在听众意犹未尽时果断刹车，从而给听众留下最佳的印象。

结尾是整场演讲的总结，负有升华主题的使命。当然，演讲结尾的方式多种多样，像归纳法、引文法、反问法等，不一而足。归纳法是概括一场演讲的主题思想，总结其中的主要观点；引文法是引用别人的名言、俗成的警句，起到升华主题、给听众留下思考空间的作用；反问法是用提问引起听众的反思和对演讲者理念的认可。另外，演讲的结尾也可以用祝福、感谢、展望、鼓励等句子作结，使演讲能自然收场，给听众留下意犹未尽的感觉。

出色的演讲者懂得如何调动起听众的情绪，在即将尾声时才让情感达到最高潮，当演讲临近结束时，听众对他的最终印象就会定格在良好状态之中。这样的演讲结尾会获得最热烈的掌声。例如，英国首相丘吉尔著名的"我奉献的只是热血、辛劳、眼泪和汗水"的演讲，就是在听众意犹未尽时戛然而止："摆在我们面前的，是一场极为痛苦的严峻考验。在我们面前，有许多漫长的斗争和苦难的岁月。因为没有胜利，就不能生存。大家必须认识到这一点：没有胜利，就没有英国的存在，就没有英国所代表的一切，就没有促使人类朝着自己目标奋勇前进的动力。但是当我挑起这个担子的时候，我是心情愉快、满怀希望的。我深信，人们不会听任我们的事业遭受失败。此时此刻，我觉得我有权利要求大家的支持，我要说，'来吧，让我们同心协力，一道前进。'"

显然，这个演讲的结尾与众不同，有点长。这是丘吉尔第一次担任首相的就职演讲，前半部分讲的全是如何组织英国新政府的事情，后半部分谈的是迫在眉睫的第二次世界大战，结尾尽管有点长，却是整个演讲的高潮部分。

有人认为，演讲必须与写文章一样，得有明显的开头、正文和结尾。的确，演讲时不用非得用语言提示听众结尾即将到来，"我以下讲的部分是结尾"，根本不需要这样。在听众意犹未尽时戛然而止，更给听众一种耐人寻味的感觉。例如，美国独立战争时期杰出的演说家和政治家帕特里克·亨利，其著名的演讲"不自由，毋宁死"的结尾就是采用这种方式的最佳例子。

在开始演讲的时候，亨利先表达了这样的观点："没有人比我更钦佩刚刚在会议上发言的先生们的爱国精神与见识才能了。"接下来一步步讲述他持有什么样的态度，通过一件件事例，进一步讲明求和的路是行不通的，只有勇敢地站起来反抗才能获得应该享有的自由，之后再批判那些持反对态度的人的想法是错误的。演讲的主题在听众不知不觉中得到了升华，最后演讲达到高潮："回避现实是毫无用处的。先生们会高喊'和平、和平'，但和平安在？实际上，战争已经开始，从北方刮来的大风都会将武器的铿锵回响送进我们的耳鼓。我们的同胞已身在疆场了，我们为什么还要站在这里袖手旁观呢？先生们希望的是什么？想要达到什么目的？生命就那么可贵？和平就那么甜美？甚至不惜以戴锁链、受奴役的代价来换取吗？全能的上帝啊，阻止这一切吧！在这场斗争中，我不知道别人会如何行事，至于我，不自由，毋宁死。"

听众听到"不自由，毋宁死"这样坚定的话语时，立刻响起了"拿起武器"的激烈呼声。设想一下，如果亨利在"不自由，毋宁死"这句话后再加上一些感慨，会出现什么样的情况呢？肯定不会有这样强烈的效果。这就是在听众意犹未尽时戛然而止，把激情留给听众。

许多企业老板经常出现这样的情况：在演讲接近尾声时，不仅没有把演讲推向高潮，反而会加上许多没有实际作用的话，要不就空喊一番口号，要不就表一番决心，这样的演讲结尾只会让听众觉得烦，直到演讲结束，听众什么也没记住。这是失败的演讲。

而那些有经验的演讲者会在结尾时让演讲的内容再次升华,听众的情绪被彻底调动起来的时候,利用满腔热情、掷地有声的语言,把演讲推向高潮,并在听众意犹未尽时戛然而止。这样的演讲才是成功的。

借用权威：进一步丰富和深化演讲主题

大多数演讲者会有这样一个烦恼：为什么自己的演讲总是干巴巴的，让听众觉得没滋没味？为什么自己的演讲总是太平淡，激不起听众强烈的反应？其实，这涉及丰富和深化演讲主题的问题。那么，如何才能进一步丰富和深化演讲主题呢？

有过几次登台演讲经历的人一般都知道：演讲的主题是通过一系列的方式方法而渐进深化的，或是以故事情节为线索，通过对故事结局的理性分析得到深化；或是以分析一件事情为线索，在层层深入分析中渐渐露出庐山真面目，进一步丰富和深化演讲主题；或是以情感演变为线索，随感情的不断变化强化主题。不管是哪一种方式，都有一个由外而内、从浅到深的过程，主题也随之得到深化，直达听众心底，收获到理想的演讲效果。

比如，有一位演讲者是这样讲的：

> 那一年的夏天特别热，以至于树上的蝉都不敢叫了。我们几个小伙伴要到离村子不远的一条小河去洗澡，但我们被路边的一条大狗拦住了去路。它长得很结实，个头看起来好像有一头小毛驴那么高，样子看起来相当凶恶，正在睁着一双大眼睛盯着我们看呢，大家都吓得不敢再往前走了。可天热得实在让人难受，回去吧，走都走到这里了，有点不甘心；想过去，又怕被狗咬。我犹豫了一下，说："没事，我们悄悄地过去，它不会咬的。"但马上有人说："万一它一下站起来，去咬你怎么办？"我知道在这样的大热天里，这条狗好不容易找到了个可以乘凉的树荫，一般是不会动的，只要我们不去打它，是不会产生什么严重后果的。

> 就在其他人犹犹豫豫的时候，我从大狗身边悄悄地走了过去。其他人发现我过去之后什么也没有发生，才一个个从大狗身边走过来。其实，我们的成长也是这样的。由于自己的经验、父母的教诲、别人的告诫等限制了我们，我们逐渐养成了不敢突破的习惯，而这种习惯成为阻止我们创新的最大障碍，使我们始终处于不敢突破、循规蹈矩的心态中。当然，我们不是无法突破，而是被心中的"大狗"吓住了。所以，面对困难，我们应该敢于尝试，越过心里的"大狗"，才能享受到河水带来的凉爽，创造自己更精彩的世界。

开始，演讲者先交代天特别的热，进而想去河里洗澡纳凉，却被路边的一条大狗挡住去路，接着讲述在看起来凶恶的大狗面前，习惯性思维使大家的脚步停滞了，最后在"我"的带领下，伙伴们才一个个地走过大狗身边。大狗本身并没有故意挡人，为何大家被挡住了呢？并不是客观的障碍难以跨越，而是来自心灵的束缚绊住了前进的脚步。至此，演讲者按照故事情节的演变，通过事物的表象，从感性到理性，进一步丰富和深化了"善于思考、勇于跨越"的主题。

我在一次演讲中是这样说的：

> 葵花为什么一直向着太阳？是因为经过了夜的黑暗与寒冷。总有一些人会在夜晚的黑暗与寒冷中执着地追寻光明和温暖的踪迹。我希望我的演讲生涯也能如此。有人说我长得不像一个演讲家。确实，我是一个很普通的人，既不是帅哥，也不是"富二代"。我只是曾生活在农村的一个孩子，没办法变成闪闪发光、惹人喜爱的城市娇娃。但我会不停地学习、不停地奋斗，如果老天有眼的话，说不定我会成长为一名名副其实的演讲家。如果能成为一名演讲家，我会像那些成功的企业家一样。因为成功的企业家通常都有一颗善良的心，他们会为山区贫穷的孩子建希望小学，他

> 们也会去敬老院看望耄耋老人，他们还会为那些上不起大学的孩子出资。我想我成为一名演讲家后，也会像他们那样，去做一些对这个社会有意义的事情，现在，我只是一个无名小卒，只想沉下心来更加务实地拼搏奋斗。

我在演讲开始的时候，以"葵花的面一直向着太阳"暗示自己苦难的身世和艰难成长的背景，使人对我的毅力和持之以恒精神顿生敬佩，然后以充沛的情感喊出"希望我的演讲生涯也能如此"。接着，出身贫苦的我主动示弱，坦言自己是一个农村孩子，阐明了杜绝浮夸、低调务实的工作态度。最后，我自比"成功的企业家"，表明了我如果成为演讲家会去做的事情，进一步深化了主题。这段演讲，先借用比喻引出观点，再亮出自己的内心想法，以情感的发展为线索，渐次推进，不断深化了"我会成为一名演讲家"的主题。

当然，演讲主题的深化有许多种途径，有的以情感线索占主导，有的以说理线索占主导，有的以分析线索占主导。大家应该灵活运用不同的方式，引起听众兴趣，让他们产生共鸣，从而使演讲的主题深入人心，达到理想的演讲效果。

送上祝福：使听众温暖如春

每一个演讲者都在力图使自己的演讲具有凤头、猪肚、虎尾，即在自己刚登台演讲时能够引人入胜，中间所讲的内容是丰富多彩的，在结尾的时候显得很有力量。许多演讲者搞不明白，怎样的结尾才算是优秀的结尾。

其实，演讲的结尾有时候比开头更为重要。一个人的演讲水平到底有多高，很多时候是通过结尾体现的。就像把人送到了即将起飞的飞机上，在这个时候应该有一种恋恋不舍的情怀，给听众留下一个无法忘怀的印象。所以，想要演讲结尾出彩，一定要尽力把听众的情感推到最高的程度，让他们群情激昂，亢奋起来，使他们的脑海中凝聚一个特别强烈的兴奋点，给听众以愉悦和快乐，让他们感受到演讲者勃勃向上的旺盛精力，使演讲的意境和主题内容得到升华，以起到说服和感染听众的作用，并给他们以奋发向上的动力。如果能够达到这种强烈的效果，就证明这次的演讲是成功的。

有经验的演讲者会在演讲结尾时下一番功夫，如利用干脆精练的话语，提纲挈领地对自己演讲的主题和观点做一次概括性的阐述，达到突出主题思想、强化主题、一气呵成、画龙点睛的效果。

谁都知道在结尾时需要演讲者用满腔热情、积极阳光、扣人心弦的话语来表达自己演讲的主题观点，让听众觉得这场演讲是很精彩的，虽然无法为自己解决生活中遇到的所有难题，但至少学到了一定的知识，了解到一些以前并不知道的事情，这样自己以后再遇到类似的情况，也不至于束手无策了。这说明本次演讲已经取得了非同凡响的效果。

有些演讲者在结尾时认为自己向听众提一些问题就能让他们觉得自己很了不起。其实，这种方法并不是行之有效的。你问的问题如果是他们感兴趣的还可以，如果正是他们所忌讳的呢？这不是让自己陷入尴尬的境地吗？

还有的演讲者喜欢引用一些警句、格言、著名诗句等作为演讲的结束语。我个人认为，这种方法也存在一定的弊端，如果对一些文化程度不高的听众，尚且可以，如果是碰到一些受过高等教育的人呢？要知道我们现在的大学扩招已经好多年了，大学生比比皆是。如果你搬出这些大家耳熟能详的东西作为结尾，那你还指望增添演讲的文学色彩吗？

也有的演讲者喜欢用含蓄、幽默的方式作为结尾，让听众在笑声中感受到生活的真谛，不仅富有趣味，而且还能够发人深省，让他们在欢声笑语中思考、体会演讲者含而不露的心意。演讲者要在结束时赢得听众的笑声，给听众留下无法忘记的印象，不仅需要高超的演讲技巧，还需要娴熟的驾驭能力。

其实，以上谈了那么多，都不如在结尾时送上祝福。这样可以使听众有种温暖如春的感觉。

比如，在一个毕业生晚会上，第一个是校长讲话，演讲内容主要是向毕业生表示祝贺，期待他们在踏入社会这所大学后，人人都能有个好成绩。接下来是教导主任讲话，主题是希望同学们多为社会和国家做贡献，还引用了列宁的名言。第三个讲话的是一位教授，他朗诵了高尔基的《海燕》片段，以此勉励毕业生不忘海燕的精神。第四个讲话的是一位副校长，他希望毕业生永远记住母校和老师们。之后，毕业生想请一位教授讲话。在突如其来而又无法拒绝的情况下，这位教授站起来，先讲述了四年来与同学们相处的难忘时光，最后一字一顿地说："前面几位给大家提出了殷切的希望，可我还是要重复他们说过的话。首先，我要祝贺同学们顺利毕业！祝你们在社会这所大学里取得好成绩！其次，我希望同学们'学习、学习，再学习'。最后，我希望同学们像海燕一样勇敢地搏击生活的风浪。另外，我希望同学们不要忘记母校，不要忘记辛勤培育你们的老师们！"

在这次演讲中，这位教授利用对前面几位演讲者演讲主题的简要概括，道出了自己祝福，使同学们听着有种温暖如春的感觉，不落俗套，结束了机智、风趣且具有个性特点的演讲。

第六章

带动气氛：
演说互动的基本招式

　　一场能够让听众津津乐道的演讲应具有这样的特点——演讲轻松流畅，听众积极互动。缺少互动，再精彩的内容也会出现"单向传输"的沉闷景象。

借助游戏：迅速拉近与听众之间的距离

一场演讲能否取得圆满成功，取决于演讲者的知识文化水平及演讲的功力，但是，更起到决定性作用的因素是听众，因此，一个演讲者能否把听众的情绪带动起来，是很关键的。

我经历过多次的演讲场合，也见到过各种各样的听众。我总结出一个经验：想要迅速拉近与听众之间的距离，借助游戏是非常有效的方法。如在一次演讲的时候，我一上台就说："朋友们，我可以让你们右手的第三个手指比左手的长一点，你们相信吗？"本来还有点倦意的听众，听我这样说，兴趣陡增。我再接着指导他们怎样做："请先把左右手的手腕到手掌边缘的横纹对齐，再把左右手掌重合，看看右手第三个手指比左手的是不是要长一点？"

我自己一边做示范，一边指导大家操作，他们和我一起互动。结果，听众们发现自己的右手第三个手指真的比左手要长一点，这让听众产生了好奇，急于知道这是为什么。我接着说："告诉你们吧，其实这是一位所谓的气功大师的骗人把戏。他先一本正经地向在场的人发功，然后再教大家做刚才的游戏。结果大家发现自己右手的手指是长了一点。气功大师说是他发功的原因，大家都相信他说的话，我当时也被他骗了，但是，朋友们，我绝没有蒙骗你们的意思啊！"在听众大笑之后，我开始进入正题，"我今天演讲的题目是'科学会告诉你什么是真相'。"直到演讲结束，听众还处在意犹未尽的兴奋状态之中。

我利用让大家做游戏的方式，与他们形成互动，既激起了大家的兴趣，又不动声色地引起他们的参与意识，集中了他们的注意力。同时，由于大家聚精会神地参与了互动，当我亮出与互动相关的演讲主题——"科学会告诉你什么是真相"时，听众自然而然地对我接下来的演讲抱着巨大的兴趣，一心一意地听我演讲。演讲者可以通过做游戏的方式与听众进行互动，让他们更容易跟随你的思路走，同时也要注意动作一定不能难度太大，以免听众无法与你互动；做游戏占用的场地也不能太大，否则会引起现场混乱，出现无法掌控的局面。

当然，作为一名演讲者，懂一些心理学是必要的。人们通常都想弄懂那些说不懂还知道一点，但又不完全了解的事物。因此，在演讲一些专业性的东西时，可以利用做游戏的环节与听众进行互动，接下来的演讲成功，就是自然而然的了。

一位演讲者在演讲"湖泊对我们的生活有什么意义"的时候，准备了专业的水文、气候、地理等内容，如果一开始就讲专业性很强的东西，那台下的听众还不昏昏欲睡？用与听众做游戏的方式，先互动再讲内容，是最明智的做法，所以演讲者说："鄱阳湖有多大？哪位可以比画一下，让大家知道它的大小。"有一个听众比画了一下，演讲者说："这是昆明湖的大小。"另一个听众又比画了一下，演讲者说："这是我们山东的大明湖。"接着，演讲者又说了洞庭湖、洪湖、太湖、滇池等国内好几个湖的名字，那些对自己城市的湖泊有所了解的听众，立刻会说出它的面积，并对演讲者说出的其他湖泊也很感兴趣，参与互动的兴趣一下被演讲者调动起来了，纷纷比画起自己所知道的湖面积有多大，演讲者对他们的参与表示极大的认可，他们的脸上也多了许多笑容。这时，演讲者就把话题引入"湖泊与我们生活的关系究竟有多大""我们应该怎样去保护和改善这些湖泊的生态环境"等方面，一场专业性很强的演讲就这样在游戏互动中完成了。

> 还有一次，我在一个城市进行演讲。刚开始讲了没有几分钟，我发现台下有几个女生在说悄悄话，虽然声音不大，但边上的人还是能够听到。这时，我停止演讲的内容，竖起大拇指说："现场的男生们，就像这个大拇指——是英雄！"男生们听了，大声

叫好。我又伸出小拇指说："现场的女生们，就像这个小拇指。"女生们不干了，纷纷对我提出抗议。我接着往下说："小巧、可人、秀美、贤惠！"女生们听后，都笑了，大家也都跟着竖起了小拇指，然后，热烈的掌声经久不息。我竖起大拇指："男生们像大拇指——雄壮有力，镇定自若，不向困难低头，勇往直前。"男生们也跟着我竖起了大拇指，一片沸腾。

我同时竖起大小拇指："大拇指小拇指，都是优秀的！"大家也跟着我竖起了大小拇指，我又伸出其余三根手指头："这三个手指就像老人和孩子，他们之所以会在中间，是希望我们年轻人保护他们！如果这五根手指通力合作，齐心协力，就可以克服所有的难题，那样我们才会有美好的生活！"听众纷纷鼓掌。我的演讲就这样顺利地进行了下去。

在演讲的过程中，一旦发现有听众搞小动作，要沉着冷静，迅速想出最好的解决办法。演讲者可以巧妙地运用游戏来吸引听众的注意力，激起他们听讲的兴趣，让演讲顺利进行下去。

问对问题：保证提问得到肯定的回答

我曾在一次课程中讲过：演讲家都是善于发问的高手，问对问题才能赢得听众。

现在回忆起来，在以往的多次演讲中，不管是职业演讲、培训演讲，还是管理演讲、技术演讲，常常会有许多听众在演讲中始终一副无动于衷的样子，行内人士称之为"冷场"。而懂得打破这种沉默与冷场，是每个演讲者必须掌握的技巧，如果无法应付这种局面，沉默与冷场就会让演讲效果大打折扣，即使再有激情的演讲者也会因此失去积极性。

那么，到底是什么原因让听众在演讲现场出现冷场？根据我的演讲经验，我觉得无非有三种情况：首先，有时候是由于演讲的内容都是专业的，而坐在台下听众对这个专业又是陌生的，所以才出现了冷场的现象；其次，听众并没有想表达的欲望，许多听众对演讲的内容一知半解，想走吧，已经来了，不走吧，又觉得听得没有兴趣；最后，听众来听这次演讲并不是自愿的，可能是单位非要安排他们来的，出现冷场也是情理之中的事。那么，怎样才能打破以上三种情况带来的难堪呢？以下是一些可行的建议。

第一，问对问题，赞扬回答者。演讲的时候，可以问一些跟演讲主题相关的问题，也可以问一些听众感兴趣的问题或者与听众切身利益相关的问题。因为这样，不仅能使你的提问得到有效的回答，也能引发听众的思考和互动。比如在营销主题的演讲中，学员大部分都会遇到"如何寻找新客户""如何取得客户信任""如何成交"等问题，只要问与这些内容相关的问题，学员都会有切身感受，并愿意与演讲者积极互动。

另外，演讲中的提问，首先要从大部分听众的共同点入手，根据不同的演讲听众,提出不同的问题。其次,要从听众容易回答的问题入手。如我在做题为"别人都加薪升迁了,为什么你还在原地踏步"的演讲时,不仅涉及专业、学历、工种等项目,还有诸如能力、热情、责任、信心等各方面的问题。

从简单到复杂,让听众慢慢跟上你的演讲思路与节奏,朝你想要的方向发展,这样就能快速获得听众的认同感。切忌一上来就抛给听众一个很难的问题,这样演讲中的互动就会快速中断,对后面的演讲极为不利。

每个人都愿意听到别人的赞美。当听众积极回答问题时,作为演讲者,要及时给听众相应的赞美。演讲者通过有效的赞美,也能引导听众积极响应你的提问,而这也是演讲者与听众积极互动的好方法。

第二,引起听众议论的兴趣。"只要诱饵好,再狡猾的鱼也会上钩"。当我在讲述儿媳妇如何与公婆和睦相处时,我问了大家一个问题:"儿媳妇可不可以与公婆成为朋友呢?"这个问题引发了大家的思考。于是在听众经过了一番讨论仍一脸疑惑时,我再抛出自己的观点和分析,一下子引起了听众的兴趣。这次演讲的效果非常好。

第三,不要随意打断听众的回答。当听众站起来回答你的提问时,一般不要随意打断他。有些听众不善于语言表达,半天都说不出一句完整的话,站在那里急得一脸是汗,如果你着急,去打断他的回答,这会让他很难堪的,尤其是当着这么多人的面,而这类人往往又是那种脸皮薄的人,难堪时说不定会做出令人意想不到的行为。正确的方法是:在他回答问题的时候,要用积极行动去对待他,当他着急得说不出话来的时候,要用肢体语言进行鼓励和认可,赞许式点头、赞扬式微笑,看着对方的眼睛,表示认真有兴趣的样子等,都是不错的方法。当他的回答结束后,要对他说的细节进行表扬,如你的回答很好、你说得很对,等等。

第四,直接提问,如果你发现听众对你的演讲中的某一点很感兴趣时,要及时提问,以引起更多听众的兴趣。但是,请一定要记住:问一些他们能够回答的问题。

可以说,在演讲过程中,如果出现冷场的现象,一定不要急于发火,要冷静下来，想出一个有效的应对方法。问对问题对演讲而言尤其重要。要保证提问能够得到有效的回答，这样一来，你就不用担心这次演讲能否顺利进行下去了，因为这是解决互动冷场的基本原则。

充当顾问：详细解答，专业服务

有人说，一个出色的演讲者一定是一个优秀的顾问。这话说得有道理。因为在演讲的过程中不仅仅要讲故事和分析问题，还要给听众当好顾问。这才是一个出色演讲者要做的。可以说，演讲者解答听众问题水平的高低，直接影响着演讲的效果。我从事演讲多年，发现很多演讲者都不喜欢给听众解答问题，原因可能是："担心自己回答不出来，在听众面前丢面子""担心自己解答得不到位，让他们觉得我很无知""担心自己无法马上给出令他们满意的答案""担心自己丧失先前的美好时机""担心听众会提一些自己忌讳的问题""如果替他们解答完一个问题，担心听众会没完没了地提问题，进而影响自己的演讲"，等等。

这些担心都能够彻底避免吗？我可以很负责任地告诉你：完全可以。因为听众所关心的，正是你演讲内容的延伸，只要你在演讲之前用心掌握一些必要的相关内容，就不会有问题了。你完全可以充当听众的贴心顾问，对他们提出的问题进行详细解答，提供专业服务。

当然，给听众充当贴心顾问，也不是没有原则的，如果听众提的问题你能够回答出来，就详细解答，不要一味卖弄自己的学问，说一些不相干的事情。尤其是当你对这个问题还不是很透彻、明白的时候，如果在台上一味故意卖弄，不仅得不到听众的敬佩，还可能引起那些对这个问题有深入研究者的嘲笑。

我认为，最好的解答方式是点到为止，这样不仅可以与听众产生良好的互动，同时也活跃了演讲的气氛，还可以防止你回答不出来而造成难堪。说到底，就一句话，你可以说："你提的问题特别有针对性，在解答你的问题之前，我相信今天在座的各位，肯定有人会站出来解答这个问题，我现在给大家一个机会,有愿意解答的请举手,谢谢。"如此这般,你只要等着就行了。

当听众提出一些无法明确解答的问题时,你也可以利用反问来处理。有听众问:"怎样可以在一夜间暴富?"你可以这样说:"我在解答你这个问题之前,想先做一个试验,换作你是我,你该怎样解答这个问题?"因为听众有时候提的问题是非常无理的,只是想让你出一下丑而已,并不是为了搞明白一个问题,针对这种情况,就可以反将对方一军。

如果有些听众是存心来现场捣乱的,他提问题多半就是居心不良,这样的问题你用不着去认真回答,你越想把一件事情解释清楚,就越解释不清楚。但作为演讲者——站在讲台上的就是老师——又无法直接拒绝他。对于这样的提问,你必须要很委婉地拒绝,比如你可以说:"这个问题的答案特别复杂,为不影响台下的听众继续听我讲下去,下课之后如果你有时间的话,我可以单独与你分享,谢谢。"讲完这句话后,你就只管继续下面的演讲就可以了。

当然,有一些听众提的问题特别专业,你之前也许从来没有接触过类似问题,真的解答不了。如果你硬着头皮,装作一副很懂的样子去解答,还不如找个时间认真研究一下这个问题。相信大家都会原谅一个无知的人,但是不会原谅一个冒充内行的人。尤其是在这个社会,你错了没关系,只要知错就改,就是个好同志;不懂没关系,你能够认真去请教,去学习,就很好。如果听众提的问题,你无法详细解答,无法给他提供很专业的服务,你可以说:"你的提问非常好,这个问题我最近正好也正在研究,一旦我有了准确答案,一定第一时间答复你。今天,我只能遗憾地说'抱歉',希望你能理解,谢谢。"接着,继续演讲就可以了。

跟听众握手：进行肢体互动

演讲者在演讲的过程中，一定要让听众参与进来，与自己产生互动，这样演讲的效果就会好很多。那么，怎样在演讲过程中让听众参与进来，大家一起互动呢？我下面总结的经验，也许对你有一定的帮助。

与听众互动其实就是抛出话题，引发议论，以便进行肢体互动，也就是跟听众握手。当演讲者在讲述一个刚毕业的大学生如何在企业脱颖而出的话题时，可以事先抛出一个让人困惑的话题，用"某人在一家企业辛辛苦苦地工作了八年，却还是一般职工，这究竟是为什么？"这个话题引发大家议论，有人会说这个人没有文化。不管他说得对不对，演讲者都要走到他面前跟他握一握手，以示祝贺；有的听众会说，这个人没有关系，不是老板的亲戚，你也要同样跟他握一下手，表示感谢。这就是与听众进行肢体互动，跟他们一一握手，这会让演讲的效果更好。

在演讲的过程中，你总会碰到一些与众不同的听众，沉默寡言的听众便是其中最难互动的一类听众。一旦他们开口说话，你应该立刻停止演讲，快步走到他的跟前与他握手，这样做了后肯定会激起他无限的热情，听众会更加用心听你演讲，并与你一起互动，互动氛围会立刻热烈起来。

还有一些听众总是自以为是，认为自己读了几年书就天下第一了。这类人有个明显的特征，那就是说起来没完没了，此时，演讲者要用肢体语言——握手，进行鼓励和认可，那么，他就失去了继续说下去的机会，全部身心都放在与你的握手上。你就可以趁机与其他听众进行互动，并且对参与互动的听众表示认可和表扬，如"你讲得很有意思、很不错""尽管你不是专家，我还是很希望能听到你的观点"，再与他握个手，可以很好地鼓励听众参与到演讲的互动中。

我在一次演讲开始的时候，刚一上场，就给听众讲了一个小故事。

> 一位富翁要出国谈一笔大生意，出发前分别给了三个儿子每人十万块钱，他们可以随便支配，当他回来时必须归还。大儿子用这笔钱去做红木生意，由于红木家具到处都有，摆到商场里怎么也销售不出去，结果赔本了；二儿子也做生意，把乡村的无公害瓜果拉到大城市去出售，结果赚了数倍的钱；三儿子把钱放在保险柜里，还一直担心会被别人偷去，过几天就打开保险柜检查检查，总是忙得不可开交。等到富翁从国外回来后，给赔本的大儿子补足了钱，告诉他以后经商要多考察；对二儿子大加赞赏，另外又给他十万块去做生意；把三儿子骂了个狗血淋头不说，还把十万块钱收了回来。

我问听众："富翁这样做公平吗？"听众们七嘴八舌地议论，有人认为这很公平，我跟他握下手，表示感谢；有人认为这不公平，我也走到他面前跟他握一下手。我接着说："我们先不管这个富翁是否公平，咱们最后再下结论。如果我讲得不对，欢迎唱反调，当然，也可以和我打擂台！"

台下的听众都表示同意，我趁机亮出论题"竞争，从来都是公平的"，大家都是站在同一起跑线上的，跑得是快还是慢，有没有摔倒，那都是个人的事情。我还在演讲中提了一两个问题，让听众回答"是"还是"不是"，大家非常兴奋地听我讲了半天课。到结束时，我才说明那个富翁究竟高明在什么地方。台下掌声雷动。

这次演讲的成功，得益于四个方面：第一是用故事吸引听众，当然能触及听众的兴奋点，让听众把自己的一腔热情全部倾注到演讲内容上；第二是在演讲过程中适当穿插提问，引发听众兴趣，加强听众的参与热情；第三是欢迎听众"唱反调"，有意让听众"打擂台"，这更激起了听众的热情，让听众在不知不觉中随着我的思路走下去，这次演讲自然会成功；第四是随时进行肢体互动，与听众握手，引起他们的互动，这是最主要的。这样的互动，不仅让听众聚精会神听完了演讲，还使他们接受了我的观点。

创造场景：让听众之间进行友好互动

没有互动的演讲如同冬天的树木，失去了夏日的枝叶繁茂，只剩下光秃秃的枝丫在寒风中瑟瑟发抖。即使再有经验的演讲师，也会出现"剃头挑子一头热"的沉闷景象，就像大家形容的那样"台上激情四射，台下睡倒一片"。

演讲，先演后讲，涉及演。

那如何才能引起听众的互动，增强演讲的热度呢？

最有效的办法莫过于在演讲刚开始的时候，就为听众创造互动的有利场景。演讲出现多个话题时，根据演讲内容的实际情况，向听众提出一些有建设性的问题，这是在演讲的内容根据现场听众的身份进行过微调之后才实施的，这样可以让听众之间进行友好互动。"今天来了这么多人，真是开天辟地头一回呀！在正式演讲开始前，我想问大家一个问题。在座的各位，有谁知道坐在你旁边的男性或女性，是开车来的还是乘坐地铁来的？"当听众听到这样的提问后，不用你再说什么，他们也会与身边的人展开讨论，你创造的互动场景开始上演了。这时，你会看到台下的听众已经进入与对方交流的环节了。但是，我想提醒你注意的是，创造场景，目的是让听众之间进行友好互动。不能为了创造场景而不顾演讲的效果，不要做本末倒置的事情。最好在演讲准备中设定在哪个地方创造场景，你要充分考虑现场听众的身份特征，避免在创造场景时做出不恰当的事情。

为活跃现场气氛，可以有意创造一些互动的场景，这种方法一般可用在演讲刚开始的前五分钟，请看下面这个例子：有一个演讲者在南方的一座大城市做了一场"商业无国界，突破地方壁垒"的演讲，现场听众对这个话题冷漠得让人吃惊。这位演讲者几乎失去了继续下去的信心，但他转念一想："不行，我不能就这样走了，人家会认为我不是一个称职的演讲者呢。"他看了看台下的听众，说："地方壁垒被很多人当成武器，如果我也想用一种武器同你们抢地盘的话，我来时就会——（他停顿了几秒，大家以为他接下来会说导弹等真正的武器）带着美貌如仙的美女。"话音刚落，整个会场都沸腾了，甚至连那些被称为"老顽固"的人也笑了起来。这位演讲者突然话锋一转，重新回到了演讲的主题。

在讲到一些听众不喜欢的话题时，听众往往会出现搞小动作、开小差的现象，处理方法也是创造场景，讲一些轻松的话题，让听众之间进行友好互动，然后再回到演讲主题上。

听众咨询：多问、多听、多引导

作为一名纵横全国各大城市演讲的演讲者，只是在内容方面充实、生动、感人、准确，在演讲方式上激情四射、波澜壮阔、跌宕起伏、抑扬顿挫，严格来讲，并不算具有真正的能力。事先把讲稿背得滚瓜烂熟，再加上丰富的表情和形象的动作，就可以做到这些。

我一直认为，评价一个演讲者的能力是否高超，标准不仅仅在于在演讲的过程中能否使用各种技巧，让听众的情绪怎样高涨，还在于在演讲的过程中能否做好听众的咨询。如果你能做好听众咨询这一环节，那你的能力无可否认是很棒的；如果做不好听众咨询这个环节，你要说你的水平很高，是没有人会相信的。

我在演讲中曾说过这样一段话："怎样才算得上是一位成功的演讲者？成功的演讲者不仅仅能在演讲的过程中牢牢地抓住听众，使听众的情绪达到兴奋状态，还要做好听众的咨询，这要求演讲者虚心地多问、多听、多引导。"说到底，演讲的最终目的是什么？是帮助人，替大家解决一些最基本的困难。而帮助听众的基本途径就是要首先了解他们在工作和生活中，究竟遇到了哪些解不开的难题。如果你面对的是一个从未见过的人，你根本不知道他的经历、学历、能力是怎样的，更不知道他的家庭是怎样的、他的领导是怎样的人，要给这样的人做好咨询多少还是有挑战的。谈其他的都是没用的，唯一的办法就是多问、多听、多引导，之后，再根据得到的信息进行耐心细致的解答。

一位特别关心留守儿童的志愿者，十多年来，每年都要到大山深处待上几个月的时间。多年以前，他到北京一所中学去做演讲。这所学校被北京人称为"贵族学校",不用说,在这里上学的孩子家庭条件都很好。在他开讲之初,孩子们只顾着与身边的同伴打闹,根本没把他这个演讲者当成一回事。这位演讲者当时也真急了,大声喊了几句,可根本没有作用,孩子该打闹还是照样打闹。于是,他找了一个管后勤的老师,与那个老师耳语几句,整个会议室突然间漆黑一片。打闹声也停止了,安静得几乎能听到每个人的心跳声。此时,一道雪亮的光照在了银幕上,那是幻灯机的光,银幕上出现了一幅大大的照片:在一个大雪纷飞的山上,一个身穿单衣的七八岁女孩一手拄着一根木棍,一手拿着一把斧子,身上背着几乎比她还高的柴火,正冒雪向山下走着。有个同学小声地问演讲者:"你有照相机啊?"演讲者回答:"有!"又有人提高了一点声音问:"你会照相吗?"演讲者回答:"会!"这时,演讲者指着下面的同学问:"那你说说看,拍照到底是为了什么?"有个孩子站起来回答:"等长大了的时候看呀!"演讲者说:"很好!作为留念。请大家看看我给这些山里孩子们拍的留念照片吧!"他每放映一张照片,就介绍一下这个留守儿童的故事。直到演讲结束,小听众一直听得非常认真。当灯再次亮起来时,有许多孩子的脸上挂满了泪水,让人想不到的是,他们的手里握着或多或少的纸币,默默地走到演讲者身边,那一双双充满同情心的眼睛让人无法忘记。

不用我多说,你也知道这场演讲就是真正成功的演讲。

步骤三

会 讲

第七章

抑扬顿挫：让多变的声音提升你的语言魅力

　　有感染力的声音拥有特别丰富而且准确的情感，它有内在呈现和外在呈现，这是以情带气、以情带息的结果。人与人之间的表达会产生共鸣，会有互动，你的声音、你的表达能让听众想起什么。声音是人类自然天成的乐器，美与不美就看你如何把握和驾驭。

适时停顿：留给听众一个发挥想象的空间

在日常工作或生活中，给别人留下一些空白经常能出现意想不到的效果，因为它能引发人们的深思。比如，1911年8月22日，巴黎卢浮宫的"镇馆之宝"之一《蒙娜丽莎》被盗，但让人想不到的是，许多人纷纷到博物馆观看挂过这幅画的那个地方。直到两年之后，前来观看那个地方的人，竟然比有这幅画的时候还多。

为什么会出现这种现象呢？这就是留白效应的作用。演讲者站在台上滔滔不绝的时候，要懂得给台下的听众留下一些自由想象的空间。否则，即使你讲得天花乱坠，听众也不会有什么反应。相反，如果你能够懂得在适当的时候停顿那么几秒钟，在最吸引人的时候，稍微给听众留下一点想象的空间，即使你在演讲中表现平平，也能够得到观众的认可和赞扬，这就是适时停顿的作用。演讲者不要把什么话全说出来，要让听众自己去思考，只因有了这个空间，听众的头脑才不会只在原地踏步，才可以向前走得更远。

这和网恋类似。在虚拟世界里，人们留给网友的是许多美好的想象。还没有见面的时候，谁都把对方想象成漂亮无比的天仙，或把对方想象成骑着白马的王子，等到见面的那一刻，才见到对方的庐山真面目，而这可能与想象中的有很大的差别……

鲁迅在一次演讲结束的时候说："以上是我近年来对于美术界观察所得的几点意见。今天我带来一幅中国五千年文化的结晶，请大家欣赏欣赏……"大家都认为，像他这么有名的大作家，一定会收藏如顾恺之、韩滉、顾闳或李公麟等大家的名作。可是，他停顿片刻后拿出来的"中国五千年文化的结晶"原来是一个普通的月份牌。这个东西，谁家里没有啊？全场大笑。鲁迅借助恰到好处的停顿，给了听众强大的想象空间，才制造出全场爆笑的效果，不仅使演讲在愉快的气氛中结束，还让听众动用所有的心思去品味他演讲的深意。

快慢节奏：让情感表达收放自如

对于出色的演讲者来说，在演讲中自如地表达情感，是小菜一碟。也许，你会好奇他们是如何做到的，其实，这就是所谓的对情、声、气的有效控制，所以他们的演讲看起来非常自如。

有的人对声音形式、气息状态及演讲环境非常适应，就能做到自如。那么，怎样才能达到这种状态呢？这要针对不同的演讲、不同的听众，对声音形式、气息状态和工作环境做不同要求，做到心中有数，并根据不同的演讲进行快慢节奏的控制。

如果你也想成为一名出色的演讲者，就要提高控制能力，在练习演讲时解决情、声、气的关系，控制性与自如性要统一，一定要有准确的练习目的，必须有具体、丰富的思想感情，一定要有高超的语言技巧，并统一于演讲中，完成于讲台前。有些学习演讲的人往往把以前的很多习惯带到演讲练习中来了，并自认为这就是优秀演讲者所说的"自如"。其实这是由于对演讲学习中的控制性不了解造成的。

如果不管演讲的客观要求，自顾自地"自然"下去，不仅会失去控制性，就连自如性也不见了踪影，剩下的只有"茄子不是茄子，黄瓜不是黄瓜"了。

为什么有些演讲者会给人虚伪、不真实的感觉呢？登过几次台的人都知道，这是理智取代了感情，控制性过强的原因造成的。为什么有的人会给人一种不踏实、轻率的感觉呢？这是因为感情过多而失去了理智的原因，即自如性没有把握好。

怎么才能在演讲中表现出自如性与控制性统一的状态呢？要做到让感情表达收放自如，就要注意以下几个方面：

1. 抓个性，别忘记意境

每一个演讲者都有独特的个性，如声音、方法、气质、语言等。这种不同就是创造他的演讲意境的条件。抓不住个性以及具体演讲的特点，你就无法创造深邃的意境。

2. 抓语气，还要有形象

语气是演讲成功的重要因素，它不但体现演讲者的情感，还带有丰富的语势。语言形象包括个人语言的风格、各种演讲语言表达等。如果从语气和语言形象入手，就会形成语言的多样化，体现情、声、气的丰富性。

3. 抓变换，更要追求情感

变换不仅仅是语气方面的，还有思想感情的变化以及音调、气息状态的转换。以情感为例，严肃的情感与欢乐的情感，要求的声音明显不同。如果一个演讲者单纯追求响亮的声音，他就不会有情感可言，他的演讲肯定是缺乏多样性的。

4. 抓美感，就要有装饰

装饰不同于外在的形式主义的粉饰，应该从美学的高度来对待，正确处理演讲中的情、声、气，否则就会走上歧途。必须使听众得到美感享受，演讲才可能是成功的，才能得到听众的认可和称赞。

从情、声、气的控制方面而言，声情并茂的演讲具有引人深思的功能，同时也会感染听众，引人入胜。多样化在于情、声、气的多样化，在于充分利用各种语言技巧，如有时用虚声，有时用气音，停顿节拍感的欲断还连等。这种修饰应是丰富多彩的，而不是单一化的。

加重语气：强调鲜明的立场

在演讲过程中，要充分利用情感的作用，引导听众的兴趣，让听众与演讲故事中的主角同呼吸、共命运。听众聆听演讲者的心声，和演讲者一起去感动、去流泪、去欢笑，演讲者才能轻松地把演讲进行下去，让听众愉快地听讲，进而激发他们改变自我的豪情，从演讲中感悟人生的真谛。因此，演讲者在演讲的时候，可通过加重语气的方法来强调鲜明的立场，引导听众用心审视主角的内在情感，才能让他们情动于衷而形于外，导之以行，使他们在演讲者的引导下完善自己的人生。那么，如何对一些关键的词语加重语气，强调鲜明的立场呢？

1. 察情

在演讲之前，演讲者要深入研究自己的演讲故事，多方面收集相关资料，挖掘出故事所蕴含的真情实感，探求如何把握好演讲动机和情感倾向，这样才能把听众的兴趣调动起来。比如，演讲者如果不了解一个大都市打工者的坎坷经历以及家人、朋友对他的期望，就很难把豪华写字楼里的年轻人的情感世界讲述出来，无法引导听众理解他们对幸福生活的向往和追求，无法打动他们，更无法启迪他们对自己人生的展望与追求。如果演讲者只讲其"表"未传其"情"，就不能做到以情动人，情感的树叶就会被时间的狂风吹落，只留下不知所以的遗憾。因此，只有演讲者充分地掌握人物的内涵，形象生动地展现年轻人的情感、奋斗，才能使听众从你的讲述中感受、领悟到故事的魅力。

2. 知情

要引导听众有感情地发表自己的看法，从他们的发言中领悟故事的内在情感。在演讲过程中，应注重引导听众对你的演讲的兴趣，鼓励他们登台发言，培养他们的热情及兴趣，让他们通过上台发言把你所讲的故事中蕴含的无形情感转化为自己内心的体验，通过生动形象的语言展现抽象的人物，让演讲者的情感与听众的心灵感受相连接，更进一步感受故事的内涵。例如，当你讲完了一个在马路上摔倒的老人，没有一个人敢于上前去扶他起来，反而是一个外国人把他扶起来的故事，可以让听众上台发表自己的内心想法，这样能使听众在以后的生活中具有抑恶扬善、爱憎分明的态度，感悟到人生是需要有爱心、有情感的。

3. 入情

在整场演讲之中，总会有一些关键词，演讲时可以用重音与轻音的变化来突出这些主要的地方，讲到这些词时可适当加重语气，让听众听得更清楚，加深其印象，还可适当加手势、停顿、反复等手法来强化效果。

语气要适应演讲的内容。在一些主要的地方要加大音量、加重语气，强调鲜明的立场。当然，在整个演讲中不能一直用大音量或重语气，那是无法突出重点的，反而给听众以嘈杂、夸张的感觉。表达赞美、愤怒、质问等强烈的情绪时自然要用高亢的语调，高亢而充满起伏的话语给人激情满满的感觉。一般情况下，以从容、有力作为主基调，适当加入高潮式的高音量和语调为佳。

一般来说，在一场演讲中，有些内容是关键的，有些内容是辅助性的。对于重要的内容或主题，要特别加以强调，使其更加突出，以便给听众留下深刻印象。要达到强调的目的，必须借助一定的方法和技巧。比如在一次演讲中同一内容因为反复出现，这些关键之处就得到了强调。反复出现的词语，一定是统率演讲的观点或是表达主旨的重要内容，即表明演讲者的鲜明立场的内容。

这需要演讲者的一句话在一个小自然段中反复出现。例如演讲"中国企业的自强之路"中，"这就是我们中国企业的昨天"一句，在演讲中先后出现了多次，是以自然段的形式出现的，由此强调了过去的中国企业是一直不受世界各国重视的。在演讲的后半部分又有一句话反复出现了多次，即"这就是我们中国企业的创业者"，强调了中国企业即使在不受重视的过去，也仍然有许多企业家在不停地奋斗的观点，突出了主题。

4. 移情

移情是一种情感对另一种情感的影响，即在赋予故事强烈情感的基础上，使听众所流露的"情"转移到其他相似的事物上。这就是所谓的触类旁通、举一反三的演讲方法。

音调转换：把故事讲得更加生动

演讲是什么？有人说是讲故事。的确，纵观那些出色的演讲，一定离不开故事的功劳。

那么，怎样才算得上会讲故事？讲故事非常重要的是场景重现，其中最主要的是表达具体化、描述细节化，这才能使听众顺利地进入情境，使听众不走神。如果他听不进你讲的故事，这就证明你的演讲对他是没有意义的，那么你的演讲也就无法达到最佳效果。

1. 把握细节

想把故事讲好就要注意对细节的把握，如下是需要着重注意的几个方面：

（1）不要使用模糊的语言。如"那个叫什么名字，记不清了""可能是他""好像是7月份的时候"等句子，这样模糊的话语会把听众带入混沌的状态，让他们觉得你的故事是假的，这可能损害你在听众中的形象，相比之下，直接说"去年7月份的时候"，这样讲故事听众才会相信。

（2）不要用因果性的语言，尽量使用叙述性的话语。比如"因为他这人一般不怎么说话，所以让人觉得很难接近"，就不如"他这人一般不怎么说话，让人觉得很难接近"；"因为路上堵车，所以我迟到了几分钟"，也不如"路上堵车，我迟到了几分钟"。这样不仅使听众听起来干脆利落，还能让他们觉得你不是一个拖泥带水的人。

（3）讲故事时，不要东拉西扯，那样即使是再精彩的故事，也会打击听众的耐心，让听众认为你的故事是在浪费他们的时间，从另一个方面也说明你不太会讲故事。比如，你讲一个怎么也得不到上级领导认可的员工终于想出一个好办法要打动领导的时候,却讲起了他父母是怎样爱他的,妻子是怎样对他好的,人们往往接受不了这样不着边际的演讲。

(4)在开始讲故事的时候,第一句话是非常关键的,如果第一句话较有吸引力,就会把听众的兴趣调动起来。比如,"为什么他能得到这次出差的补助,我却不能呢?"听了这句话,听众就会急于想知道这个"为什么不能"的结果,那你接下来讲故事就容易得多了。

(5)在讲一个事情的后果时,尽量从侧面去反衬,让听众听起来觉得生动形象。

(6)快速进入情节,能够把故事很快地讲到关键之处,并能够紧紧地一环扣一环,让听众觉得自己是在游览山水名胜一样,既有悬崖峭壁,也有溪水潺潺,刚到危险的边缘,忽而出现柳暗花明又一村的境地,这时你讲的故事就能够达到预期的效果。

(7)避免使用抽象化的语言。如,你想说明你的演讲水平很高,如果说自己很优秀,那么这只是一个笼统的概念,你要是说,你在演讲的时候,有些听众听了你讲的故事都感动得哭了,这种效果对听众的感染力是不一样的。

(8)如果你想表达一种戏剧性的效果,就把握好故事的发展脉络,让听众有一种恍然大悟的感觉,也可以是出人意料但在情理之中的骤然改变,戏剧性的效果自然就出来了。只有做到了这一步,你才能把故事讲得有声有色。

2. 讲究原则

在演讲中讲故事时,应注意四个原则:

(1)用事例说话。如你在讲一个人是好人的时候,不能光口头说这是一个好人,还要用最典型的事例来说明,他做过哪些有利于大家的事、他是怎样关心别人的;讲一个人很坏,也不能光说他坏透了,得有鲜明的事例。真正能让听众印象深刻的是你故事中的例子。

(2)指名道姓。任何一个故事人物,尤其是主角,都应该有一个具体的名字,这样有利于听众接受,即使编造一个也比"某某"好得多。如果你讲的故事主角连名字也没有，就会大大降低故事内容的感染力。

（3）用对方的语言来表达他此刻的所思所想。如"他这时候心里什么也没有想,连衣服都没来得及脱就跳到冰冷的河水里",只有这样的表达，才能把故事主角活灵活现地展现在听众的面前，才能吸引听众的注意力。

（4）情感色彩。生气时要用愤恨的语气，快乐时要用欢快的语气，这样才更容易引起听众的心理认同感。

第八章

举手投足：
运用肢体语言展现演讲魔力

　　你会运用肢体语言进行演讲吗？演讲时运用肢体语言有什么技巧？出色的演说者站到台上的时候，会把热情表现得淋漓尽致。他的气场像旋涡一样有力，他的肢体语言无一不展现出权威、信心和能量。

始终微笑：向对方传达"见到你真好"的信息

文学家说，生活不是一帆风顺的，在看似平淡的背后总是充满坎坷。人生就是不断经历磨难的过程，在经历过种种意想不到的磨难之后，人生便会达到一个层次，达到一个新高度。谁都有这样的体验，接受磨难洗礼的时候是最为痛苦的，但仍然要有微笑面对生活的勇气，让自己保持积极向上的人生信念，坚信"不经历风雨怎么见彩虹，没有人能随随便便成功"。

微笑是一种显示愉快心情的脸部表情，它向别人展现出你的内心世界，是自信的反映、礼貌的体现、涵养的证明。在演讲中，演讲者的真诚微笑象征着性格开朗与温和，它可以营造出欢乐的气氛，让听众对你的演讲不再有抵触情绪。曾在哈佛大学担任校长的一位博士说："微笑是人际交往成功的催化剂。"

有人说，微笑是全世界最优美的语言。发自内心的微笑，不管是表现形式还是所反映出来的意思，是不用翻译别人也能懂得的世界性语言，它能很快地从一个心灵流入另一个心灵。笑容能将快乐、友情和幸福传递给他人。

作为一种面部表情，微笑用不着你花费一毛钱就可以得到，微笑的人不仅自己快乐，更会把这种快乐传递给遇到的所有人。微笑是能够相互感染的，看到他人脸上充满了笑容，自己也会感到快乐，然后也会微笑起来。微笑代表的是美好，你对别人微笑，别人也会对你微笑；你对生活微笑，生活会还给你更多的微笑。

抛开社会上的种种现象不谈，作为一名演讲者，如果你正在进行演讲，那么你一定要记得面带微笑，这种微笑不应是勉强装出来的，必须是真挚的内心感情的自然流露。因为，一个演讲者充满真诚的微笑，不仅表明他具有良好的教养、坚定的信念，同时也表明对听众的尊重与信任。在肢体语言中，微笑是一种所向无敌的语言，是一种无坚不摧的交际工具。无论演讲者的心情是否愉快、情绪是否稳定，只要你面带微笑，听众便立即接收到这种信息，并很快受到你的感染。

在演讲中，演讲者应该运用微笑技法。

第一，上台与下台时面露微笑。这样可缩短与听众的心理距离，把良好的形象留在听众的印象中。

第二，对听众表达赞许、肯定等行为时要面带微笑。要让别人对你微笑，自己首先要对别人微笑。

第三，听众提问时送上真诚的微笑，能证明你对他的赞美与鼓励。

第四，肯定或否定听众的一些言行时，可以配合着点头或摇头等肢体语言，同时一定要面带微笑。

第五，面对搞小动作的听众，演讲者可略微停顿一下，同时面带微笑地看着他，他马上就可以懂得这是一种含蓄的批评与指责。

作为一名出色的演讲者，你必须是一个内心充满自信的人，微笑不仅可以给听众以亲切的感觉，而且还可以向对方传达"见到你真好"的信息。

表情丰富:建立自己的气场和权威

作家刘墉演讲时表情丰富,使听众印象深刻。古希腊演说家德摩斯梯尼说:"对于一个演讲家,最重要的才能是什么?表情。"由此可见,表情在演讲中是多么重要。

这里所说的表情是面部表情的意思。这是一种比较深刻、直观的表达方式。"只可意会不可言传",可以看作是表情在演讲中的力量。法国思想家、文学家罗曼·罗兰说过:"面部表情是多少世纪培养成功的语言,比嘴里讲的语言复杂千倍。"那么,演讲者该怎样运用表情去表达多姿多彩的内容呢?

出色的演讲者能够利用充满激情的语言征服所有在场的听众,不仅由于他们具备出色的语言表达能力及高超的演讲技巧,更关键的是,他们拥有强大的气场和权威。

如果非要给气场下一个定义,我只能告诉你:气场可以理解成气势,但又不仅是气势,因为大家既摸不着它,也看不到它,甚至无法想象它是什么样子。有人说,气场就是感觉;有人说,气场就是影响力。这两句话都对,但分开来说却不完整。当你与另外一个人接触的时候,他总会给你某种感觉,他的身上肯定有什么东西能够传达给你某种信息,这种能够给别人感觉的东西,就称为气场。气场可以理解为一个人给他人感觉的来源。从人际关系学来看,气场就是影响他人的能力。

气场是演讲者给听众造成的感觉,这种感觉是带有正能量的。这与生活中有些人的气场是不同的,他们给你的感觉是压抑的,而不是畅快的。而有的人能给你心情舒畅的感觉,这就是亲和力式的气场。一个具有强大正能量气场的人,一定是一个具备强大亲和力的人。在演讲当中,演讲者的气场就是影响力、感染力。所以，演讲是很注重气场的。

气场存在于每个人的身体中，是每个人的外在影响力。尽管它是无形的，但它的能量却是无法想象的。作为一名演讲者，如果能够一直保持积极乐观，并对自己的目标有着强烈的执着追求，慢慢地，就能建立起自己的强大气场。

气场的很大一部分是从表情传达出来的。演讲时，你应该表情丰富，建立自己的气场和权威，增强自身的影响力和感染力。你的心灵和身体越健康，你的能量就越活跃，气场就越强，你就越有力量去做要做和想做的事。如果你的气场不强大，你就很容易受到别人的影响，从而产生挫败感，影响自己的生活和人生。

多变眼神：增强眼睛交流的魅力

如果你想要让一次演讲给听众留下终生难忘的印象，那就要利用多变的眼神，增大与听众的眼神交流的频率，要时刻不忘与听众进行眼神交流。

谈过恋爱的人都知道，当你见到喜欢的人时，心里会有怦怦直跳的感觉，同时眼睛也会相当有神。这就是人际交流中的"看—喜欢"原则，即喜欢一个人就会对他多看几眼。从演讲的角度来说，这是双向的，即演讲者对听众注视的时间越长，听众也会越长时间地注视演讲者，并对他产生好感。利用多变的眼神，增强与听众眼神交流一般有以下四种方法：

1. 前视法

那些有着丰富演讲经验的演讲者，都会有这样的习惯：当他们想增强与听众眼神交流的魅力时，他们的眼睛会平直向前，视线的落点总是在最后一排听众的头顶部位。有一位演讲者在演讲"心迹，你的人生永远都不会晚"的时候就是这样做的：他能够看到全场所有的听众，让他们有一种"他是在对我一个人讲话"的感觉。同时，这种眼神也能够帮助演讲者端正身体，观察听众的情绪反应。

2. 环视法

出色的演讲者会利用环视法与台下的听众进行眼神交流。这种方法是将视线有节奏地或时不时地从左到右、从右到左、从前到后、从后到前地扫来扫去，这样不仅能够观察到整个现场的情况，也能够起到与全场的听众进行眼神交流的作用，从而增进与他们的感情，产生热烈的互动。当然，演讲者也要把握好环视时的速度，不要蜻蜓点水，也不要目光盯在一个人身上不动。

3. 虚视法

指演讲者的眼神飘忽不定，看起来好像看着某个人，但他什么也没有看，目光并没有停留在哪一个人身上。用这种方法有时候是因为记不起某个环节的内容，有时候是为了避免听众眼神的干扰。当然，演讲者也可以在此时把思绪调整到最佳状态，尤其是在已经进行了一段时间的演讲，你需要把精力集中到某些片段的回忆或加工整理上时。

4. 点视法

这是一种把目光集中到某一个人或某个具体地方的眼神。在寻求帮助或希望得到听众肯定时，可以直接看着那些向你表示友好与赞扬的听众。当你向某个人提出一些问题的时候，就可以利用点视法，这会增进情感交流。当现场出现小骚动时也可以这样做，即把眼神盯住那些搞小动作的人，并停止演讲，所有的听众一般会因为你的停顿而注视你，并跟随你的视线一起看向某人，那些不安分的听众就会停止扰乱现场的行为。

需要提醒的是，在演讲过程中，如果演讲者需要与某个听众有眼神的交流，那就不能是飘忽不定的，而需要有直接的眼光碰撞，接触的时间以2至4秒为最佳。少于两秒，听众不觉得你是有意在看他；如果超过了4秒，就可能引起其他听众的不满。

"眼睛会泄露你的所有秘密。"这是一句经典台词，也是大家经常说的话。的确，你的语言可能会骗人，但你的眼睛永远不会骗人，它会传达你所有的感情和想法。增强与听众眼神交流的魅力，还需注意以下几点技巧：

第一，正视对方。

不要与听众的目光一接触就马上移开，这会让听众觉得你不认真、缺乏耐心或者在逃避，要正视对方，这会让他们觉得你是真诚、认真、自信、笃定的人。

恰到好处的眼神交流，不仅表明你很喜欢听他回答你的问题，更是一种欢迎他的表示。

第二，保持目光平视。

央视名嘴白岩松曾经说过这样一段话："如果今天想让大家有点收获的话，就从平视开始。不管别人处在怎样高的位置，都不该仰视；不管别人处在怎样低的位置，都不该俯视。平视是一种尊重。"作为一名演讲者，更不应该把目光集中在天上或者地上，这会给听众一种目中无人的感觉。

第三，眼珠要灵活。

在演讲过程中，演讲者的眼珠的转动频率是非常关键的。因为眼珠转动灵活是思维灵敏的反应，是充满活力的体现，是生命力旺盛的象征。演讲者的灵活的眼珠会给听众一种敏捷的美感。

第四，眼睛要明亮。

明亮的眼睛可以表明演讲者是一个纯洁的人，是一个内心充满爱意的人。

要想让别人感觉你的眼睛是明亮的，就不能斜视听众，表现出不屑一顾的态度，不要有不礼貌的眼神，这会让人感觉轻浮。要做到这些，除了掌握演讲的技巧外，还要加强文化、品德方面的修养。

调整身体模式：以丰富的姿态感染听众

那些社会经验丰富的人，可以通过一个人的吃相、站相、坐相大致判断出一个人的家庭背景、受教育水平及个人修养。因为，一个人的身体姿态是他内心情况的体现，往往是掩饰不了的。

有些演讲者在演讲到兴奋之处时，常会以身体的各种姿态去强调自己所持有的观点。此时是真情的流露，其动作和姿态也显得自然。有时因情之所至，便把两手举起来挥动；有时因心情郁闷，拳头会不由自主地握紧，用力地贴在自己的胸前；愤怒的时候，不免会举拳向空中猛击。

演讲者在大众面前表现出来的姿态，有些人觉得只要是内心自然流露出来的，就可以放任之。如果你把演讲看得很重要，想要引起听众的兴趣，就必须注意姿态，尽管姿态不是演讲训练的主要科目，但它是让演讲更加感人的有力辅助。

参加过演讲的人都知道，不管是多么著名的演说家，都是站着演讲的。只有这样，才能想做什么动作都灵活自如，才能给听众一个完美的形象，让大家有兴趣听你演讲下去。有一位著名演讲家，有时他一天要连着讲四场，都是站着演讲的。他说："听众就是演讲者的镜子，而且是多棱镜，从各个角度来反映演讲者的形象。演讲者的体态、风貌、举止、表情都应给听众以协调平衡乃至美的感受。"

那些出色的演讲者，在演讲过程中，即使站着不动也都是一尊尊优美的雕像，给人健康、有力、端庄、潇洒的感觉。站姿主要分为两种：一是"丁"字步，一只脚在前，一只脚在后，两脚之间呈垂直的"丁"字形；另一种是"稍息式"，两脚之中任何一只脚略向前跨步，两脚之间成75°角，脚跟距离约16厘米，全身力量多集中在后脚。

演讲初学者应该注意：

第一，站立时切忌左右摇摆。

第二，位置要恰当地变动，勿站立不动。

第三，一脚尖朝向听众，两脚间距不宜过大。

第四，切勿双手叉腰，这会给听众一种泼妇的感觉。

第五，不要双手交叉在胸前，那样有戒备嫌疑。

第六，永远记住要面对听众，避免出现背对听众的现象。

第七，在一定的空间内适当移动，配合眼神进行，能有效地贴近听众。

姿态能够体现你的内心究竟是怎样的。有的人一言一行都会引起他人的厌恶。即便他说的是事实，听众也会把他说的话当成谎言。有些时候是因为演讲者的姿态过于放肆，严重影响了演讲的效果。同样，演讲者自己都不知道哪里是主要的哪里是次要的，要想让听众对你的演讲有良好的印象，简直比登天还要难。

演讲者站在台上应该自然、大方、不拘谨、不呆板，身体要正，不应该像饿了好多天没吃饭一样，一副经不起风雨的样子。要像高尔基赞扬列宁演说时的样子："他站在讲台上的整个形象，简直就像一件古典艺术作品，什么都有，然而没有丝毫多余，没有任何装饰。"

附加手势：让演讲更具引导性魔力

在演讲过程中，运用手势去为演讲加分的方式是很常见的，因为它使用起来特别方便，而且简单明了。当然，演讲者都应该记住，不要用手指指着听众，这是一种不礼貌的行为。

演讲不仅有有声语言，还有姿态语言，手势就是姿态语言中的一种。懂得使用手势对于演讲起着重要作用。演讲者运用手掌、手指、拳头和手臂的动作变化，达到传递信息、表达感情、与听众交流思想的目的。每一个演讲者在进入激情状态时，手势都会随之出现。巧妙地利用手势会为演讲增光添彩。

演讲中，在阐释观点、表明态度时，辅以一定的手势，可以使演讲内容得到强化，主旨更为突出，使人印象深刻。

例如，演讲与口才网有一位叫郭琴的演讲者，他在演讲"为自己喝彩"时就有这样的手势：

> 有人说想唱就唱是一种张狂，有人说欣赏自我是一种幼稚，还有人说放飞梦想是一种荒诞，难道事实真是如此？（手心向下，胳膊微屈，手掌稍向前伸，表示不赞成这些言论）也许，理想和现实相去甚远，我们才无法让自己释怀；也许，平淡的生活总在交替轮回，我们的斗志已日益磨碎；也许，屡屡的挫折与失败，使我们早已丧失了激情。（右手轻轻抚胸，平静地陈述和说明）可是，不想流于平庸，却又在消极中沉没；不想人云亦云，却又走不出禁闭的心牢；不想随波逐流，却又蜷缩在窠臼里叹息。这样活着，不累吗？（右手掌前伸，上下略晃动两次，表示疑惑并

> 希望得到听众认可）我想，与其这样自暴自弃、一度沉沦，还不如相信自己，为自己喝彩！（拳头紧握，高举，向前摆动一下，展示自己的鲜明立场和坚定态度）

演讲者针对目前有些人存在的失望、消极的现象，进行了一系列的分析与呼吁。最后的结论是肯定自己，正视自己，为自己喝彩才是恰当的做法。恰当巧妙的手势使用，能强化自己所表达的观点，让听众也认同演讲者所提倡的观点。

演讲者巧妙地利用手势，能向听众传达出自己的情感，加深听众对演讲内容的认识。这种手势能体现演讲者强烈的情感色彩，它是演讲者的爱憎、褒贬的自然流露。例如，有一位大学生在竞选班长的演讲中，就利用了许多手势：

> 为什么？为什么我们非要戴上"差班"的帽子而不思进取（两手掌往下摆，掌心朝上，稍微用力，表示不满）？有人说，热动二班一没人才，二不团结。很多人默认了。但是我要说，这是逃避，是窝囊，是自甘人后（臂微屈，手掌向下压，表示强烈反对）！……同学们，我的目标就是要建立一个和谐美满、积极进取的班级。我相信大家也都希望生活在这样一个大家庭里。只要我们每个人献出自己的一份光和热，就没有我们热动二班做不了的事，也没有我们热动二班过不了的坎（握紧拳头，挥动两到三次，显示挑战、精诚团结、勇往直前的意味）！

手势能够从视觉上给听众一种强烈的情感冲击。这位同学的演讲说到了在场所有人的心里，冲击力是可想而知的。他使用的手势快速、有力。当其他同学的听觉、视觉都得到强烈的信息后，这场演讲的感染力、号召力是可想而知的。

用手势辅助演讲的内容，是许多演讲者惯用的手法。当他们站在台上开始演讲的时候,其声、形就给了听众无限的刺激,能够给其带来不同程度的感受和情感上的愉悦。

例如,某演讲者的演讲"十八岁"是这样结尾的:

> 这是一个知识大爆炸的时代(食指直指天空,其余手指内屈,表示涉及"知识"这个话题,提醒听众注意)。一个人,如果没有知识,就如同鸟无翅膀,花朵无养料,战士手中没有枪一样,纵有凌云之志,也必定一事无成。因此,我们必须从现在开始,紧紧地抓住时间骏马的缰绳,以百分之一百二十的热情去进取、去拼搏、去开拓(手掌打开,抬至胸前,然后向前上方用力挥动,表示号召)。我们的十八岁,应该是进取的十八岁、拼搏的十八岁、开拓的十八岁(拳头向下用力挥动,表示果断)!十八岁的朋友们,最后,还是让我们用奥斯特洛夫斯基的一句话来共勉吧:"人的生活有两种方式,一种是腐朽,一种是燃烧,我不愿意腐朽,我愿意燃烧起来!"(两手掌由胸前向上、向外张开,表明自己的选择)

这场演讲中,演讲者充分利用了手势的功能,简约明快、高雅自然,有声语与手势语达到了完美的结合。演讲者在这次演讲中既体现了语言的感染力,又展示了手势的优势。

手势富有极强的感染力,令人一目了然。所以,如果你想成为一名出色的演讲者,不仅要培养手势的表现力,还要控制好表现力,如此一来,效果才能干脆果断、大方自然。

第九章

精心设计：
让你的演讲更具吸引力

演讲是需要技巧的。如何让你的演讲与听众发生共鸣？抓住听众、与听众互动、用真情实感、即兴发挥、有效控场……虽然这些建议不能让你马上成为一位杰出的演讲师，但它们能让你的演讲水平更上一层楼。

观点简明：说自己的名言，让语言有力量

什么样的演讲才是成功的呢？其中非常关键的一点是：演讲观点要简明。这能证明演讲者有一种足够的理性认识，体现他对客观事物见解的准确程度。如果你的观点不简明，就不会有太大的说服力，你的演讲也起不了多少作用。

演讲者肯定期望自己的一些话被听众记住，甚至想让听众付诸行动。一个简单的方法就是尽量压缩词汇，用词越少，效果越好。不论演讲形式如何，对思想观点唯一的要求是简明。简明的表述易于记忆，也便于理解。如果你长篇大论地讲述你的思想观点，听众显然是难以记住的，这也给你的论证带来一些不便。如果你的观点被听众忽略了，就会失去让听众信服的机会。

对于一场出色的演讲而言，有简明观点只是一个前提，还要说自己的名言，让语言有力量。

任正非就是一个非常有自己想法的人，他对很多事情都有自己独特的见解，也会说出很多属于自己的名言。他的讲话总是非常朴实，简明扼要、观点鲜明，具有非常强大的力量，令人印象深刻。

任正非的讲话特别接地气，而且他总是有很强的危机意识，能让人始终保持冷静、保持斗志。他的名言有很多，有些是不少人都听过的。

"让听得见炮声的人做决策"，这是任正非流传很广的一句名言。这句话是说，让那些更熟悉市场的一线人员，让那些懂业务的人员，来决策。他们能够直接接触到市场和用户，对当前形势把握得比较好，他们的决策往往是更正确的。同时，这也是要

求华为的员工都懂业务，这样才能具备做决策的头脑。

"春天来了，冬天同样不会远。在春天，就要想着冬天的问题。十多年来，我天天思考的都是失败，对成功视若无睹，和荣誉感、自豪感相比，我更看重的是危机感。"这句话能将任正非的危机感完美诠释。一个优秀的领导者不应该沉迷于眼前的成功，他应该时刻保持危机意识，让企业能渡过寒冬。任正非总是在讲话中向华为的员工传递危机意识，而这也让华为拥有了很强的应对危机的能力。

"我认为最好的干部就是眼睛老盯着客户，盯着做事，屁股是对着我的，脚也是对着我的，他是千里马，跑快了，踢了我一脚，我认为这才是好干部，整天盯着做事的干部才是好干部，才是我们要挖掘出来的优秀干部，而不是那种会'做人'的干部。"这句话是任正非爱才的证明，他时刻告诫员工要以工作为重，要以能力为重，不要做那种"只会'做人'不会做事"的人。

"客户让我们有了今天的一些市场，我们永远不要忘本，永远要以宗教般的虔诚对待我们的客户。"这是任正非对待用户的态度，一切以用户为主，为用户提供好的产品和服务。

"资源是会枯竭的，唯有文化才会生生不息。"任正非对于企业文化非常重视，其实他的观念和名言影响了华为的员工，也构成了华为的文化核心。一个领导者的气质往往能够代表整个企业的气质，而任正非独特的观念也催生了华为的独特文化。

任正非的演讲总是能带给人很大的收获，也被很多人喜爱。他的内部演讲经常会流传出来，受到众多网友的喜爱，而他演讲中的名言，有时也成为人们津津乐道的流行语。这正是他演说成功的体现。

抓住听众：搞气派不如搞气氛

有些演讲者想让自己的演讲达到前无古人后无来者的效果，往往会要求把现场布置得富丽堂皇，自己的穿戴也必须是名牌。其实，这大可不必，想要抓住听众，搞气派不如搞气氛。要想让全场听众始终全神贯注地听你的演讲，那是绝对不可能的。但是，有一些在演讲中的小技巧，会让你紧紧地抓住听众。

1. 把握好几个问题

在你的演讲过程中，可能会出现这种情况：你自己站在台上滔滔不绝地演讲，台下的听众却在打瞌睡、玩手机，还有人在小声说话。这的确是让演讲者很伤脑筋的事情。

其实，这些问题很好解决。首先要有吸引人的开场白，让台下的听众不得不听你的精彩演讲。之后，中间再讲几个与听众息息相关的问题，你要认真详细地一一解答。接下来是耐人寻味的结束语。回顾整个演讲，不仅有文学色彩，还充满幽默智慧，这就是一场成功的演讲。

2. 引起互动

抓住听众的有力方法，莫过于引起互动。有一位演讲者是这样做的：

> 正式开始演讲前，我想问大家几个问题。第一个，世界上最多的是什么人？各位，想一想，世界上最多的是什么人？（有听众回答"老百姓"）非常好，还有呢？这边的朋友？（听众回答"亲人"）？很好。那世界上最重要的事是什么？最重要的时间又是什么？想一想。我们看看大文豪托尔斯泰先生告诉我们的答案是什么——世界上最重要的人是眼前的这个人。各位，对于你

> 们来讲，在此时此刻我是最重要的，对于我来讲，你们此时此刻是最重要的，所以，我要把所有的能力、经验、知识，全部投入这次演讲中，投入与你们的交流、分享中。
>
> 世界上最重要的事是什么事？那就是现在做的事，所以我们要活在当下。可能很多人坐在教室里面，心还在想着家里的事情、企业的事情，可是心里想着那些事有用吗？只是干着急罢了。所以我们要活在当下，现在做的事就是最重要的事。
>
> 世界上最重要的时间是什么时间呢？非常好，此时此刻。我们可以通过这三个问题总结出一句话，那就是此时此刻我们做最重要的事，因为我们是最重要的人。有道理吗，各位？大家知道，我们读书的时候，同样是一个老师教，同样一节课，有的人学习效果很好，有的人学习效果不好。我想问，学习效果很好的人一定比那些学习效果不好的人聪明吗？不一定，对吧？所以我想：除了智商有差距之外，我们学习的方法、学习的技巧和学习的心态，跟学习的效果也是有关系的。

这位演讲者在开篇就运用了一定技巧，让听众与自己互动起来，并阐明了应抓住当下做最重要的事的观点，有力地抓住了听众的心，使听众能认真听下去。

3. 做些出人意料的事情

有一家企业的老板对员工把迟到当成家常便饭的行为非常不满，尽管制定了严格的规定，但怎么罚都还是老样子，迟到现象依然没有好转。

某一天，老板把全体员工召集起来开大会。员工们都很想知道老板到底想出了什么新办法来治理迟到的问题，但老板没有上台。大家等了一分钟不见老板的影子，等了五分钟，还见不到老板的影子，大家开始有点焦急了，有人开始交头接耳："老板到底怎么了？以前不会这样呀，他是不是出车祸了？是不是出差了？"五花八门的猜测都有。过了八分钟，老板还没有出现，有的人开始站起来了，议论的声音越来越大。

过了十分钟，老板才慢慢地走到讲台上。他没有讲话，用眼神跟员工们进行交流，从前面看到后面，从左边看到右边，再从右边看到左边，整整看了三分钟，然后开始讲话了。他说："同志们，今天这个会我迟到了，迟到了整整十分钟。当然，我很清楚，我浪费了很多人的时间，很清楚很多人在等待的时候非常难受、生气。我的迟到让大家不喜欢、不舒服了，因为浪费别人的时间就是谋财害命。但是，你们想一想，近几年来，我们有多少员工经常迟到二十分钟、半个小时，难道你们认为迟到是理所当然的吗？我的话完了，谢谢大家！"

从此再也没有一个员工迟到了。为什么？因为大家在焦急的等待中充分地体会到，什么叫十分钟、二十分钟、半小时。这样演讲的意义非常重大，效果特别理想。这就是超出常规的演讲方式，比表达什么更重要。

听众互动：独乐乐不如众乐乐

有些演讲会出现这样的情景：演讲刚开始时，听众还能认认真真地听；半个小时后，却没有多少人在听演讲；到演讲进行到一半时，有的听众竟然与周公同游去了。有的演讲者虽然自己讲得热火朝天，但台下的听众却冷眼旁观。作为一名演讲者，碰到这种情况一定会特别失望。根据那些成功的演讲经验，那些出色的演讲者不仅自己热情四溢，还特别擅长在演讲的过程中与听众进行互动，活跃气氛。

在演讲的时候，与听众进行互动的作用不言而喻，有助于缩短与听众间的心理距离。下面是一些常见的方法：

1. 学会和听众"拉关系"

要想与听众进行良好的互动，得先与他们拉近关系，找出你与他们之间的某种联系。比如，我在去东北演讲的时候，当地人对我这个山东人并不怎么喜欢。我就跟他们说："从二十世纪二三十年代开始，山东人就到东北去讨生活。高满堂等人编写的电视剧《闯关东》之所以能大受观众的欢迎，就是因为百分之八十的东北人都是从山东过去的。往上数三代，可能还超过这个数字，所以我与大家是老乡。老乡见老乡，两眼泪汪汪，今天，咱不这样，我们聊聊如何才能走出心理的困境吧。"

我就说了这几句话，便打开了与听众交流的闸门，比我在山东的任何一场演讲都成功。因此，我得出这样一个结论：要想与听众进行良好的互动，显示独乐乐不如众乐乐的能量，必须与听众产生一定的联系。

2. 尽量多使用"你"

与听众互动，的确可以达到独乐乐不如众乐乐的目的。前提是要引起听众的兴趣，有人总结出一个有效的方法：尽量使用"你"，而不要用"他"

或"他们"。这能够让听众认为自己是最重要的，让听众沉浸在自我感觉良好的情绪中。

在讲与听众有关联的地方使用"你"，并把他们带入故事之中，能引起听众的极大兴趣。当然，有时使用"你"可能不是最佳的。如果没有事先与听众搭上一定的关系，形成基础，而是在毫无防备的情况下，就不要使用这种方式进行演讲，因为这很容易产生不良后果。出现这种情况时，演讲者最好说"我们"，而不是说"你"。

3. 让听众参与进来

不可否认的是，与听众产生互动的最好办法是让他们参与进来，这会对演讲起到增光添彩的作用。其实做起来并不难，只需要运用你的头脑思索一下，就可以想出一个好办法，让听众无怨无悔地跟着你的演讲思路进行下去，关注你所讲的主题思想。

当你在台上口若悬河、激情四射地演讲，台下听众坐在那里纹丝不动时，你就要让他们参与进来。在挑选听众协助你展示某个环节时，他们对你的注意便会不由自主地提高许多。

一家报纸曾报道过这样一件真实的事情：某小学三年级的学生要竞选大队长，当活动还没有开始的时候，老师就给学生们发出了通知，参加竞选的学生要通过各种方式宣传自己，为自己拉选票，比如在校广播台演讲，在操场上向投票的同学分发名片、展示海报等。可是，印名片、做海报，这些任务都是小学生们无法独立完成的。于是，这场竞选准备本应是学生能力的较量，最终却变成了家长的比拼。家长们也完全参与进来了。

这种情况与演讲中和听众互动太相似了，演讲者不要自己一个人站在台上没完没了地讲，也要给台下的听众安排一定的任务，并让他们行动起来，按照你的要求去实施一定的活动，这是你与听众互动的最好方法。如果你能够让听众参与进来，他们就不仅是听众，而且成了你的合伙人，那你的演讲就成功了。

真情实感：未成曲调先有情

如果能把现场的听众感动得热泪盈眶，演讲无疑是成功的。当然，有些演讲者在演讲时运用了大量的抒情手段，但听众却无动于衷。原因在于他只是尽力地演讲得很有情感，没有真正投入多少真情实感在其中，此类演讲能够进行下去已经不错了，还谈什么感动听众？

演讲，不管是在豪华的五星级场地，还是在四面漏风的破房子里，只有演讲者有发自肺腑的真情，才能感动听众，简而言之，你有多少真情就能感动多少听众。所以，你想知道听众的反应为什么那样冷淡，那你就要问问自己的真情到底有多少。

演讲者内心奔涌着能使自己感动的故事，就不会让演讲平淡无味。白居易曾在其名篇《琵琶行》中说"未成曲调先有情"。按照现在的说法，如果你想打动别人，得先把自己感动了。

央视主持人康辉在一次演讲中，讲述了平凡人应该如何去生活，表达了他"平凡不等于平庸"的观点。他说：

> 在这个世界上，99.999%的人都是平凡人、普通人，就如同我们。只有0.001%的人可能真的是天才，他们仿佛真的是带着上天的使命来到这个世界上的。这些非凡之人，会让我们这些平凡人一次又一次地意识到自己是多么的平凡。但它并不妨碍这些非凡的人告诉平凡的人，你们也可以在你们的平凡当中去寻求非凡。也许我们经过努力也达不到他们的高度，但是我们努力可以不把"平凡"活成"平庸"。
>
> 所谓"平凡"和"平庸"，如果我们在词典当中去查这两个

词的含义的话，会发现它们是个近义词，它们都指的是没有什么特别的，平平常常。所以，"平凡"和"平庸"的区别，可能只在我内心当中会把它们区分开来。在我看来，"平凡"和"平庸"的区别就在于，如果一个人的人生是平凡的人生，那他可以活成自己接受的样子。可是，一个平庸的人生，就会一不留神活成自己讨厌的样子。

就我个人来讲，我可以接受什么样的平凡人生，又讨厌什么样的平庸人生呢？第一，我可以接受自己有的时候不得不做出的妥协，但是我会讨厌自己总是给自己找理由向自己妥协。这几年，好像在年轻朋友当中有一股潮流，就是所谓"丧文化"，"丧文化"的 LOGO 就是"葛优瘫"。会有一些年轻的朋友觉得，我也努力了，但是好像怎么努力也达不到我所期望的那样、那个目的、那个目标，要不我就不努力了吧，反正我就是一个平常人嘛。努力了不一定成功，但是不努力一定很轻松，于是就"瘫"吧。可是，在我看来，接受自己是一个平凡人，不等于你可以放弃自己应该有的努力。你可以向自己有一些妥协，但是并不等于就此向自己投降。如果你都没有做过，没有试过，其实你没有资格说放弃。如果你根本没有冲锋，没有去拼杀，那么你也没有资格投降。

我们每个人都是平凡的人，所以康辉所讲的也是他对自己人生的一种认知。他觉得每个人都应该去努力变得更好，而不是甘于平凡。他感情真挚的演讲感动了自己，也感动了每一个身为平凡人的听众。

演讲者在表达自己的真情时，当然可以有文采，但也要像是从心里流淌出来似的，直率地裸露内心的坦诚。

乔布斯的演讲受到很多人的喜爱。他的演讲感染力很强，原因就在于其中总是饱含感情，能引起听众的共鸣。乔布斯在一次演讲中谈到他被苹果公司扫地出门的经历：

我在而立之年被当众扫地出门。突然，我人生的重心不见了，这对我是非常沉重的打击。最初的几个月里，我不知所措，觉得自己无颜面对上一辈的企业家们，我没有接好他们交给我的接力棒。我拜访了戴维·帕卡德和鲍勃·诺伊斯，去向他们道歉——自己搞砸了。我的惨败闹得满城风雨，我甚至想干脆离开硅谷一走了之。但我又渐渐意识到，我对事业的热爱没有变。我的意外出局，并没有动摇我的热爱。虽然被拒绝，但是我心依旧。所以，我决定从头再来。

我当时没有感觉，但是回头看被苹果炒掉，其实是我一生中最有意义的事。成功的巨大压力变成了新人接受挑战的轻盈，不再受固有思维羁绊。我轻盈地进入了我人生中最具创造力的时期。在接下来的五年里，我创立了一个名叫 NeXT 的公司和一个叫皮克斯的公司，还和一位杰出的女性相知相爱，她后来成了我的太太。

皮克斯后来制作了世上第一个用电脑制作的动画电影《玩具总动员》，现在已经是世界上最成功的动画工作室。峰回路转，苹果收购了 NeXT，我也回归苹果。而且，是我们在 NeXT 研发的技术，带来了苹果的复兴。我还和我的太太组建了美满的家庭。

我很确定，这一切反而都是归功于当年我被苹果开除的经历。所以说，良药苦口利于病。有些时候，生活会给你迎头一击，但不要灰心丧气。我坚信，唯一可以让我坚持下去的，就是我对自己事业的热爱。你必须去寻找自己所爱，不论是工作还是爱情，都是如此。工作是生活中最主要的部分，要真正获得满足感，就要做你相信是有价值的工作。

如果你还没找到，千万不要放弃，要继续寻找。只要倾听你的心声，当你真的发现时，你就会感到，就像任何伟大的感情关系一样，岁月的更迭只会让这份情愈发深刻。所以，千万不要放弃，要继续寻找。

真情实感总是能够引起别人的共鸣，乔布斯讲述了他人生中的"至暗时刻"，同时也传递给听众积极向上的信念，让人感受到坚持的力量、热爱的力量，并产生情感上的共鸣。

当一个演讲者有较多情感爆发点时，要让真情在话语间不时流淌出来，一个词语、一句话、一个段落，都可以带有强烈的情感意味，形成一连串的爆发点。同时也要借助于事、景、理创造较大的情感冲击波，形成情感高潮。

即兴发挥：让听众有参与感地回应

在电影《心灵捕手》中有这样一场戏：罗宾·威廉姆斯饰演的尚恩教授为了安慰马特·达蒙饰演的威尔，给他讲了一个连自己的妻子都不知道的自己放屁吵醒了狗的事情。达蒙听到后笑得眼泪都流出来了。观众可以看到镜头在抖动，因为摄影师也被逗笑了……

作为一名在台上一演讲就需要几个小时的演讲者，是必须具有一定功力的，否则你就不是一个称职的演讲者。出色的演讲能展示演讲者独特的形象魅力，而其中的即兴发挥是必不可少的。

1. 借"时"发挥

有些演讲是在特定时间里进行的，有的演讲者巧借"时间"这个词现场发挥，让听众觉得有参与感。

如某县县长李某就职演讲中有一段借助时间做了精彩的发挥：

> ……第二句话是表态，就是对今后三年和三个决议表个态。今年是马年，过马年，大家扶我们上马背，我们五个"马上人"的态度是：骑马背、扬马鞭、唱马歌、讲马话。那就是：立马行动、一马当先、五马齐驱、快马加鞭、马不停蹄，抢立汗马功劳，争取马到成功。

李某以"马年"这个时间为基础，进行即兴发挥，用"上马背"比作出任县政府领导，以"五个'马上人'"比作五位新上任的县政府正副县长。新上任后的施政态度是：以"骑马背""扬马鞭""唱马歌""讲马话"比作任劳任怨、埋头苦干，以"立马行动、一马当先、五马齐驱、快马加鞭、马不停蹄,抢立汗马功劳,争取马到成功"表达县政府五位主要领导就任后立即行动、团结拼搏、抢创大业的决心和争取各项工作获得全面成功的信心。这里一连串以"马"为词素的喻体组成博喻,妙语连珠、贴切生动,使这次表态情真意切,颇具感染力。

2.借"物"发挥

辽宁省商检局研究决定把辽阳市商检局某副局长调往抚顺市任商检局长。他在抚顺市商检局干部、群众代表大会上的演讲构思新颖,巧妙地借他物寓以深刻的意义,发挥自如。

> 同志们:
>
> 省局把我调到抚顺,我坚决服从,能熔入你们的火炉,我感到荣幸,但要说明:辽阳产的这块煤,灰分肯定不少,尽了努力,热值不一定很高,靠大家帮忙了。
>
> 来这里主持工作,随身带了三件东西:第一,我带来了一个碗。平时,碗口总是向上,什么意见都能装,一定广采众议,悉心听取;形成了决议碗口朝下,包括我在内,谁也不能轻易再翻动——要实行集中指导下的广泛民主、在广泛民主的基础上的最大集中。同时,还要用它装满水,举起来,大家看端得平不平。第二,我带来一张纸,决不用它打收条、打欠条,我要用血汗写下今后的历史,交上合格的答卷。第三,我带来一颗心。除了布置工作和检查工作,大家就是同志、朋友的关系,手足之间以诚相待。我要用自己的心换同志们的心……

演讲的开场白,构思新颖、不落俗套。"辽阳产的这块煤",是自比,喻自己不是"闪闪发光的金子";把抚顺商检局比作"火炉",寓有能锻炼人的含义;"灰分肯定不少,尽了努力,热值不一定很高",这里寓有自谦的意思。这三个比喻都包含有深刻的含义。

演讲最大特色在于比喻。"来这里主持工作",随身带来的第一件东西，即"一个碗"。以一个碗的三种形态构成三个比喻，喻办事三条原则的深刻含义：以"碗口总是向上"，喻办事坚持走群众路线，广泛、悉心听取群众意见；以"碗口朝下"，喻办事坚持民主集中制；以"装满水，举起来"，喻坚持办事公道。

3.借"事"发挥

领导干部的演讲往往是在特定的事件之后进行的。演讲可借助某一具体事项尽情发挥：

> 这次党员大会选举，我再次当选支部书记，得了"180%"的选票。
>
> 不要笑，这里面80%是大家投的票，还有100%是我自己投的票。这两个百分比中，80%的选票，最少可以说明三点：一是大家对我任上一届支部书记时的表现不够满意；二是有部分党员同志对我能再当好支部书记持有怀疑；三是多数党员同志没有把我看死，对我还有信心和希望。
>
> 我投了自己的票，大家看得出我还想当这个"官"。不怕笑话，我是基于三方面考虑的：一是因为我是党员，带领群众改变管区贫穷面貌，我有义不容辞的责任，不能因为有困难而退却；二是我决心在这一届任期内"将功补功"；三是因为有了上一届的实践锻炼，我积累了一些经验，比较有把握在这一届干好。

有效控场：你的地盘你做主

控场技巧是演讲者对演讲场面进行有效控制的技能和方法。

在演讲的进程中，因为出现种种不同的原因，听众的热情、认真度及会场上的氛围、秩序常常发生意外的变化。演讲者为了把听众的情绪调动起来，吸引他们认真听讲，保持会场的良好气氛和秩序，使其朝着有利的方面发展，需要掌握一些控场技巧。

演讲者为了把演讲顺利进行下去，达到理想的效果，除了要把演讲内容讲得条理清晰、极富逻辑性以及注意演讲的流畅外，在演讲的时候，还要把整个会场的氛围把握和控制在最佳状态，这的确是非常必要的。

每个演讲者都有自己独特的控场方法，在此，主要讲述一些演讲控场的常用技巧与方法。

1. 演讲者上场时要大方得体，充满信心

从你走向讲台那一刻就应该开始控场。上台时不能随随便便走上去。走向讲台时是很有讲究的，务必器宇轩昂、大方得体，站到讲台上面后先环视一下全场，接下来才开始演讲。演讲的开场白没有特定的方式方法，可根据自己的爱好、习惯及现场听众的实际情况来决定。

如果演讲者对于这一次的演讲信心百倍的话，展现出来的那份气质自然会让听众感觉到一种油然而生的强大力量。如一位演讲家分享自己的演讲诀窍就是："因为听众都是等着我来给他们解决问题的，所以我对自己的演讲自信爆棚。"

2. 演讲进程中，要做到动静结合

演讲是一份特别辛苦的工作，演讲者不仅要用嘴巴去讲述自己的观点和见解，还要利用目光和肢体动作去配合。想把自己的主张和见解完美地

传递给听众，需要把内心的想法转化为有声的语言，在不断说出的话语中加进强烈的情感，并且需要通过语言、表情、眼神、动作、肢体行为等方式来协同完成。

3. 演讲中应适当变换节奏

什么是节奏呢？就是说话时因为不停发音与停顿而形成的强弱有序的变换。在日常生活中，大家相互间聊天根本不用管说话的节奏，但是，对于一名演讲者来说，演讲时不断变换节奏，避免单调乏味是特别重要的。

演讲者是现场的动力源，要在推动演讲的进程时控制好现场的氛围。说话快慢的节奏是由演讲者自身决定的，是演讲者为配合内容的需要和感情的需要而形成的，它需要在叙述过程中进行抑扬顿挫、轻重缓急的恰当转换。

演讲者应根据抑扬顿挫的不同语调、轻重快慢的不同要求进行演讲，可使注意力分散的听众重新回到演讲现场。

4. 设置悬念

演讲者要选择既能体现演讲主题，同时又是听众所关心的内容设置悬念，可以有效地达到演讲的目的，使得听众处于兴奋的状态，同时又要在听众兴趣正浓之时戛然而止，让悬念最大限度地发挥作用。

5. 有针对性地提问

提问不仅能够增进演讲者与听众之间的感情，还能够让听众认真听讲，演讲者也可以在听众无法回答时，用自己独到的见解再次唤起听众的热情。

在演讲的时候，演讲者最成功的控场体现，就是营造一个听众和自己水乳交融的氛围，并确保这个氛围的控制权掌握在自己手中。

当然，演讲者要做到"我的地盘我做主"的有效控场，需要"软件"和"硬件"两手都要够硬。

所谓"软件"够硬，就是指演讲者拥有良好的思维能力、丰富的人生经验和全面的知识，并有强大的观察力、分析力、判断力和应对能力作为后盾，在演讲过程中尽情体现深厚的知识底蕴、卓越的语言魅力、从容的姿态语言和得当的临场发挥，积极、主动、有效地引领听众展开想象的翅膀。遇到各种突发状况时也能够泰然应对。的确，想达到"软件"够硬的水平，不是一蹴而就的事情，这是一个坚持不懈、持之以恒的学习过程，需要从一点一滴去积累和提高。

所谓"硬件"够硬，就是指演讲者经过多年的历练，已经熟练掌握了一些方法和技巧，无论碰到什么样的演讲场合、听众，甚至种种不利的场面，都能够做到有条不紊、从容不迫，充分体现出一名出色演讲者的人格魅力。

第十章

深入人心：
让你的演讲更具说服力

　　演讲中，怎样深入人心，让你的演讲更具说服力呢？方法是多种多样的。其中将一些不同类型、不同内容、不同性质的技巧组合在一起来证明自己的见解、观点或者思想，不失为一种事半功倍的好方法。

耐心引导：带听众了解演讲流程

要想购买一张飞机票，需在机票查询栏里填写"城市""出发时间""返回时间""舱位"等各项信息，各种信息一目了然。

其实，演讲也是这样的。当你开始演讲的时候，也要告诉台下的听众有关你演讲的信息，即对听众说明你的演讲时间有多长，他们需要知道自己得坐在这里多长时间，还要说明你所讲的内容是什么。这就像你开车带着一位朋友去旅行一样，为了让他分享你的快乐，你边开车边告诉他目的地在哪里，你们将经过哪些好玩的、有意思的地方，这次旅行需要多长时间。在演讲开始的时候，你可以这样向听众说明："我会用十分钟的时间做介绍，再用一个半小时讲述如何创业，然后，我们用十五到二十分钟时间进行自由讨论，在此期间，我可以回答你们提出的任何问题。四点钟，我的演讲结束。"

应该设定如何与台下的听众进行互动，预想有哪些听众会参与进来，在演讲的进程中，你该怎样向他们提问，希望听众在回答你的提问时花费多长时间。如果你不想提问，那么，可能会发生如下两种情况：要么是你什么结果也得不到，要么是你的讲话被打断。在这个现场里的主角是你，情况全凭你一个人掌控。如果你先说明"我将用十分钟的时间进行介绍，之后，会给大家十五到二十分钟时间进行提问，所以，要是谁有什么疑问的话，请等到提问的时候再说"，你就能控制整个演讲进程。

为了使演讲有一个圆满的结果，不管听众的心里是怎样想的，你一定要告诉他们你的演讲流程，如："今天，我将谈谈五个互联网时代的新产品开发问题。我将介绍如何将新产品纳入我们企业的发展战略之中，如何对新产品进行开发以及怎样制定销售策略。接下来，我会讲述新产品开发、制造、销售等对公司组织结构造成的影响,我还要向大家介绍如何组建新的团队,最后,我要跟大家谈谈企业新的构成要素。好,我们现在开始。"

给听众讲解演讲流程的时候,是有一定的技巧的。千万要记住的是:最好把问题归纳为三个要点,即使你至少有十二个要点需要阐述也是如此。为什么呢?无论你要说什么,也无论你说的内容有多复杂,听众们在短短十分钟的时间里,不可能跟得上很多要点的演讲结构。向听众说明三个要点,相信他们都能清晰地了解到演讲的内容。

循序渐进：简化演讲内容

一场出色的演讲包含三个步骤：第一是引起听众的注意，第二是让听众了解你的演讲流程，第三就是循序渐进，刺激听众主动发现演讲要点。演讲不仅仅是为了演讲而演讲，而是要给听众解决一些实际的问题。

从理论上来讲，演讲者要说出自己的独到见解，从而刺激听众主动发现些什么，而不是把你的想法强行灌输到他们的耳朵里。如果听众主动去发现演讲者所表达的要点，比如有的听众终于清楚了那些一直让他们吃不下饭睡不着觉的事情，那他们该是何等的兴奋！

当然，如果演讲者能够把自己将要演讲的内容浓缩为三个要点，那是非常合适的。为什么是三个呢？有研究表明，人们想要做到的事情一般有三种，能够引起人们的兴趣以及最容易让人们受感动、念念不忘的事情也是三种。

根据科学研究发现，我们的大脑不会像录像机一样不停地记忆各种信息，而会把传达到大脑的信息自动地进行分类，但大多数当时就被舍弃了。如果演讲者能把自己所要讲述的内容分三种，就可以证明你已经对听众的心理有了了解，你是用听众能够理解、愿意接受的方式进行的整理。向听众说明自己要讲三点事情，听众一般就能清晰地记住演讲内容。

设想一下，如果你听到"我想谈谈我们企业成立二十年以来的三十六次大的改进……"你会怎么想？相信很多听众的心里都要着急了。如果演讲者这么说"我将谈谈本公司的三个时代：我们的过去、现在以及未来"，听众一定会欢呼的，因为这是非常简单、容易的。有些企业领导者的演讲之所以会让员工没兴趣听，就是因为没有把演讲的内容简单化，而是把简单的事情讲复杂了。

很少有人会喜欢长篇大论，简单的演讲内容，反而特别能引起听众的注意。当演讲者在台上滔滔不绝地讲述时，可能台下的听众注意力已经开始涣散，甚至想要溜走了。精简的演讲，不但能让核心思想更加突出，还能让人记忆深刻。

> 1936年10月19日，上海各界人士代表举行公祭鲁迅先生大会。出版界的代表邹韬奋先生只在会上发表了一句话的演讲："今天，天色不早，我愿用一句话来纪念先生：许多人是不战而屈，鲁迅先生是战而不屈。"

邹韬奋先生的这次演讲可以说精简到了极致，是非常简化的演讲。但是，这句话给人的印象非常深刻，是振聋发聩的强音。直到今天，这句话依旧被很多人记着，这次演讲也成为经典的演讲案例。

当你简化了演讲内容时，你所表达的东西其实并没有变少，甚至有可能更多了。因为你将丰富的内容压缩为简单的几句话，正如一个信息的压缩饼干，当听众通过自己的理解，将它化开之后，就可以接收到非常丰富的信息。

当然，我们很难将自己的演讲都简化成一句话。不过，我们一般可以分成三步走。比如，第一是"过去这些天我们都做了些什么"，第二是"为什么要做这些事情"，第三是"我们下一步的计划"。这就是简化内容、循序渐进、刺激听众主动发现演讲要点的极佳方式。你所有的内容，包括数据、信息、故事、论点、结论等，都可以归纳进这三个方面里。这样的三个要点会为你的演讲创造出一个完美的结局。

如果你计划向企业的中层管理干部推出一套新的管理规定，他们可能最想了解的是：第一，规定如何运行；第二，这套新的规定在哪些方面可以帮助他们；第三，为了运行这套规定，他们需要做些什么。如果你向一个特别爱美的女生推销一套刚刚上市的化妆品，她此时所想的是：第一，你这套化妆品的价位是多少；第二，到底有没有你说的那么有效果；第三，自己手里现在还有多少钱。

所以，无论演讲者想要讲述多少事情，在演讲之前要把内容分门别类，最多不要超过三种，或者说要点不要超过三个。

巧用比喻：用鲜活的形象打动听众

英国前首相布莱尔曾经说过："一个人可以面对多少人，就代表这个人的人生成就有多大。"拥有出色的演讲能力显得无比重要，这是让别人知道你想干什么、维持与别人良好关系的关键。

在一家企业之中，无论是老板还是中层领导者，都离不开用语言去说服和影响他人。如果不懂得演讲技巧，演讲时常常用词不当、思路不清、主题不明、条理混乱，会让别人听了半天也不知道你究竟想说什么，更无从说服别人。

对一名演讲者而言，有了出色的演讲稿，不一定就能把一场演讲进行得有声有色，正如优秀的作曲家不一定是出色的歌唱家一样。

经验丰富的演讲者懂得运用一些修辞手法，来渲染演讲的氛围。比如巧用比喻，用鲜活的形象打动听众不失为一个好办法。演讲者一般会运用比喻句增加自己的强烈情感与演讲的趣味性。作为一种常用修辞手法，比喻的句式在文学作品中比比皆是。它可以让抽象的概念形象化，可以让复杂的事情简单化，可以使深奥的道理浅显化。

某公司副总裁曾发表过这样一场演讲：

> 当企业具有一定规模，必有其成功之处，如鹰的利爪。但企业也正因为大了，其"喙"、其"爪"使得其执行力衰退，其"毛"使得其"肌体"日益臃肿，其敏感度日益下降。我们需要客观地自我评估，我们必须把旧的习惯、旧的传统抛弃，使我们可以重新飞翔。

该副总裁使用老鹰的比喻旨在说明，只要企业愿意放下旧的包袱，愿意学习新的技能，就能发挥企业的潜能，创造新的未来。企业需要的是自我改革的勇气与再生的决心，以及保持坚韧的忍耐力。

他通过把企业比喻成一只翱翔蓝天的雄鹰，既形象又生动地让听众感受到一家企业能够像鹰一样展翅飞翔，去说明这个企业的发展是蒸蒸日上的。大家都知道，鹰到了一定的时间之后就无法飞了，它必须进行死亡一般的脱胎换骨，才能重新飞翔。这样的比喻更引起了听众的思索，同时又让听众接受了这个观点。

一个恰当的比喻，可以激起听众无限的想象力，也会让他们觉得演讲者是一个很有水平的人。

"家庭纠纷"是林肯较为著名的演讲。在演讲的过程中，他把美国比喻成一个居家过日子的家庭，而美国发生的南北战争，就像家庭出现不和一样。其中有这样一段话："一幢裂开的房子是立不住的。我相信这个政府不能永远保持半奴隶半自由的状态。我不期望房子崩塌，但我的确期望它停止分裂。"

用比喻来对某一件具体的事物进行描绘和渲染，可使事物更加生动形象，可以引发听众的联想和思考，给人以鲜明深刻的印象，并使语言文采斐然，富有很强的感染力。

设置悬念：充分吊起听众的胃口

好奇是人们的天性，为了充分吊起听众的胃口，设置悬念就成了演讲者惯用的手法。的确，在演讲的过程中制造悬念，往往会收到不一样的效果。

> 有一位肿瘤患者，成功从病痛中走了出来，获得了新生。在一次演讲当中，他并没有告诉听众自己患过肿瘤，而是先捧出一个小小的礼盒，问大家："如果这是一个独特的礼物，不知道有没有人会感到好奇？"
>
> 然后他说，这是上天给我的一份礼物。这份礼物非常特别，在购物网站上无法买到，在任何线下商店也无法买到。它对我产生了巨大的影响，让我重视起生命中美好的事情，亲情、友情、爱与喜悦，一切的一切。
>
> 当所有人都对这个礼物充满了兴趣时，他才告诉大家，这礼物是一颗肿瘤。他表示自己并不怨恨，反而把生病当成了礼物，因为那让他更加重视自己的生命，也更加热爱眼前的生活。

设置悬念在演讲中的作用的确不可小觑，但在使用这个方法的时候是有一定规则的：一是不可故弄玄虚，二是不能频频使用，三是不能悬而不解。要在恰当的时机解开悬念，让听众的好奇心得到满足，而且能使演讲的内容前后呼应，给人一种滴水不漏的感觉。

> 有位演讲者在进行演讲的过程中，现场秩序出现了问题，听众对演讲不感兴趣，演讲者转身在屏幕上写了一首诗："月黑雁

飞高,单于夜遁逃。欲将轻骑逐,大雪满弓刀。"写完后他说:"这是一首广为流传的唐诗,大家都说写得好,我却认为它有点问题。问题在哪里呢?等会儿我们再谈。今天,我要讲的题目是'读书与质疑'……"这时全场鸦雀无声,听众的胃口被吊了起来。演讲即将结束时,演讲者说:"这首诗不合常理。既是月黑之夜,怎么看得见雁飞?既是严寒季节,北方哪有大雁?"这样首尾呼应,能加深听众印象,强化演讲内容,令人回味无穷。

另外一位演讲者的提问也特别有意思。

他在演讲开始时向听众提问:"人从哪里老起?"听众纷纷回答,有的说从脚老起,有的说从脑子老起,全场气氛十分活跃。演讲者最后自我作答:"有的人从屁股老起。"全场哄堂大笑。演讲者继而解释道:"某些干部不深入实际,整天泡在会海里,坐而论道,那屁股可遭孽了,又要负担上身的重压,又要与板凳摩擦,够劳累的了。如此一来,岂不是屁股先老吗?"

这位演讲者在抨击官僚主义之前,先利用一个提问制造了第一个悬念,吊起听众的胃口,然后利用一个超乎听众意料的自答制造了第二个悬念,使听众在笑声中等待解开悬念,从而有效地控制了听众的思想和情绪。

还有一位演讲者也把听众的胃口吊了个十足。

他在台上站定后,便大声说道:"女士们,先生们,对于抽烟的好处,我进行了总结,有三大好处哩!"台下的听众一听这话,觉得很不可理解:"抽烟明明对身体是有害的,怎么还有三大好处?"演讲者微微一笑,说道:"第一,狗害怕抽烟的人,一见就逃。"台下一片骚动。"第二,小偷不敢去偷抽烟者的东西。"台下连连称奇。"第三,抽烟者永远不老。"台下听众要求解释的声音越来越高。

演讲者接着说："请安静，我给大家解释。"有听众等不及了："请您快讲。""第一，抽烟者驼背的多，狗一见到他以为是在弯腰捡石头打它哩，能不害怕吗？"台下笑出了声。"第二，抽烟的人夜里爱咳嗽，小偷以为他没睡着，所以不敢去偷。"台下一阵大笑。"第三，抽烟人很少长命，所以没有机会衰老。"台下哄堂大笑。

这位演讲者层层推进，一步一步把听众的思维引向迷惑不解的境地，在把听众的胃口吊得足够高的时候，才不慌不忙地表达出自己的意思，取得了极佳的演讲效果。所以，演讲者在演讲前可思考一下，如何才能吊起听众的胃口，让自己的演讲更加有效。

语言生动：恰当的措辞让每句话更有力量

我们平时讲话，措辞要准确，这样才可以表达得更清楚，避免听众产生误解。在演讲当中，恰当的措辞不但能够让听众容易理解，还可以让演讲者的话语更有力量，掷地有声。

章太炎先生曾做过一个名为《今日青年之弱点》的演讲，现在来看，他的演讲依然是振聋发聩的。

> 现在青年第一弱点，就是把事情太看容易，其结果不是侥幸，便是退却。因为大凡作一件事情，在起初的时候，很不容易区别谁为杰出之士，必须历练许多困难，经过相当时间，然后才显得出谁为人才，其所造就方才可靠。近来一般人士皆把事情看得容易，亦有时凑巧居然侥幸成功。他们成功既是侥幸得来，因之他们凡事皆想侥幸成功。但是天下事哪有许多侥幸呢？于是乎一遇困难，即刻退却。所以近来人物一时侥幸成功，则誉满天下；一时遇着困难废然而返，则毁谤丛集。
>
> 现在青年第二个弱点，就是妄想凭藉已成势力。本来自己是有才能的，因为要想凭藉已成势力。就将自己原有之才能皆一并牺牲，不能发展。
>
> 现在青年的第三个弱点，就是虚慕文明。虚慕那物质上的文明，其弊是显而易见的。就是虚慕那人道主义，也是有害的。
>
> 现在青年第四个弱点，就是好高骛远。在求学时代，都以将来之大政治家自命，并不踏踏实实去求学问。在少年时代，偶然说几句大话，将来偶然成功，那些执笔先生就称他为少年大志。

以上是章太炎先生演讲的一部分内容,但已经让人感觉非常有力量了。恰到好处的措辞,切中肯綮的语言,令人警醒。即便到了今天,他所说的这几个弱点,依旧值得我们深思。

当然,演讲时的语言应该通俗,让听众听得懂,以增强演讲的效果。这就需要做到:

第一,要口语化。首先,在演讲前就应该想到如何让语言生动,尽量删除书面语言。其次,要注意选择有利于口语表达的词语。

第二,要个性化。马克思曾经说过:"你怎么想就怎么写,怎么写就怎么说。"也就是说,演讲的效果到底怎样,大多取决于演讲者独特的见解,而不是人云亦云、鹦鹉学舌,一定要有自己个性化的语言和见解。

第三,要说自己的话。用自己的话讲,可能看起来很普通,却更真实,更富有吸引力。如纳尔逊·曼德拉的著名演讲"我是第一个被指控的人":

> 我已经把我的一生奉献给了非洲人民的斗争,我为反对白人种族统治而斗争,我也为反对黑人专制而斗争。我怀有一个建立民主和自由社会的美好理想,在这样的社会里,所有人都和睦相处,有着平等的机会。我希望为这一理想奋斗,并去实现它。但如果需要的话,我也准备为它付出生命。

第四,语言要生动感人。生动的语言能够让听众更感兴趣,在轻松的气氛下倾听演讲者的发言。很多人不愿意听演讲,有很重要的一个原因是演讲不够生动,枯燥乏味。生动的语言让演讲可以很好地进行下去,而这时,听众也更容易和演讲者产生共鸣。

黑龙江佳木斯大学校长孟上九在毕业典礼上的一次演讲十分生动,学生听得兴趣盎然,听完后又十分感动。

> 刚开始他说:"我发现校长致辞也是一项很高危的举动,所以讲话稿还是我自己来写。一来可以表达我的真情实感,二来我

自己写的字我基本都认识。"

在最后他说："在这里，我还要向大家真诚地道歉——因为你们曾经居住的宿舍，不美丽，但很冻人；有的生活和学习场所，找卫生间基本靠闻；外卖小哥的生死时速，一直在上演；食堂的饭菜，要么便宜不可口，要么可口不便宜。

"同学们，我们B院1食堂有一句名言：'外卖天天有，食堂只四年，且吃且珍惜！'

"学校为大家提供的送行饺子请务必品尝一下，饺子顿顿都相似，今天这顿总不同。

"少玩抖音，少点外卖。"

生动感人的语言能够赢得听众的喜爱，这样的演讲也总是让人回味无穷。孟校长的演讲不但受到了毕业生的喜爱，还流传到网上，引起了很多人的共鸣。

第五，用幽默风趣的语言。俄国生物学家格瓦列夫在一次讲课时，一位学生学起鸡叫，引起一片哄笑。格瓦列夫却不动声色地看了下自己的怀表，说："我这只表误时了，没想到现在已是破晓之时。不过，请同学们相信我的话，公鸡报晓是低等动物的一种本能。"

适当重复：强化你最想让观众感知的内容

"好话不说三遍。"这句话的意思是，再动听的话只要重复三次也就不好听了。其实，在演讲中，演讲者强化最想让观众感知的内容，适当的重复反而能起到意想不到的效果。

其实对于一个演讲者来说，有一点应该知道，就是在听过你的演讲之后，那些演讲内容中的90%甚至是90%以上，都会被大家迅速遗忘掉。想要让一个内容被大家牢记，你应该去强调它，去重复它。

有人认为，重复是打开人潜意识的一把钥匙。无论这是不是真的，有一点可以肯定，当演讲者在演讲中重复一个内容，它就会让人记忆深刻，甚至永远铭记。只要人们想起了这次演讲，最先想到的，可能就是当初那些曾被演讲者反复强调的内容。

在诗词歌赋的表达当中，有反复咏叹的表达方式，就是来来回回重复一句话。这不但不会令人感到厌烦，还能够加深人们的印象，甚至表达出更为深刻的情感。现代的歌曲中，也有反复只唱同样歌词的歌曲，也让人印象很深，并且在情感表达方面更有力度。比如电视剧《红高粱》当中的歌曲《九儿》，反复只有几句话，却将主人公九儿深刻的情感很好地表达了出来。

在演讲当中，演讲者如果重复同样的内容，这些声音就会像水中的涟漪一样，一圈一圈叠加起来，最后形成巨大的能量，产生震撼人心的效果。马丁·路德·金在著名的演讲《我有一个梦想》中，就使用了这样的方法。

> 我梦想有一天，这个国家会站立起来，真正实现其信条的真谛："我们认为这些真理是不言而喻的——人人生而平等。"

> 我梦想有一天,在佐治亚州的红色山岗上,昔日奴隶的儿子将能够和昔日奴隶主的儿子同席而坐,共叙手足情谊。
>
> 我梦想有一天,甚至连密西西比州这个正义匿迹,压迫成风的地方,也将变成自由和正义的绿洲。
>
> 我梦想有一天,我的四个孩子将在一个不是以他们的肤色,而是以他们的品格优劣来评价他们的国度里生活。
>
> 我今天有一个梦想。
>
> 我梦想有一天,亚拉巴马州能够有所转变,尽管该州州长现在仍然满口异议,反对联邦法令,但有朝一日,那里的黑人男孩和女孩将能与白人男孩和女孩情同骨肉,携手并进。
>
> 我今天有一个梦想。
>
> 我梦想有一天,幽谷上升,高山下降,坎坷曲折之路成坦途,圣光披露,满照人间。

在马丁·路德·金的演讲当中,"我有一个梦想"被他反复强调,提到了不少于九次。这样的重复并不令人反感,反而让人感到一种直击灵魂的强大力量,让人感觉这意愿无比坚定。即便最后人们忘记了他所有的发言,也会记得他的那个梦想。

在演讲的最后,马丁·路德·金还是以反复强调的方式收尾。他说:

> 让自由之声响彻纽约的群山。
>
> 让自由之声响彻高耸的阿勒格尼山脉。
>
> 让自由之声响彻科罗拉多州白雪覆盖的洛基山脉。
>
> 让自由之声响彻加州曲线优美的斜坡。
>
> 但是,不仅如此:
>
> 让自由之声响彻佐治亚州的石山。
>
> 让自由之声响彻田纳西州的了望山。
>
> 让自由之声响彻密西西比州的每一座小山。

> 让自由之声响彻每一座山腰。
>
> 让我们让自由之声响起来，让自由之声从每一个村庄、每一个州和每一个城市响起来时，我们将能够加速这一天的到来。

马丁·路德·金的演讲世界闻名，他的演讲具有非常强的力量，能够引起人们的共鸣。这和他在演讲中反复强调，不断强化他想要表达的内容，有很大的关系。如果他不是这样反复强调，而是像一般的演讲者那样平铺直叙，我们可能不会这样印象深刻，可能除了记得他做过一次演讲，不会再记得什么。但他这样反复强调，几乎所有人都记住了他的那个伟大的梦想。

重复是一种非常务实的方式，它能够不断加深大脑的记忆，让人印象深刻。无需特别的技巧，只需要去重复，简单而有效。你不需要去堆砌华丽的辞藻，也不需要有多么强大的文学功底，就可以轻松做到这一点。

那些有志于成为出色演讲家的人，如果想让自己的演讲具有独特的魅力，不妨向那些知名演讲家取取经，为了强化你最想让观众感知的内容，在适当的时候重复是非常有必要的，效果会很好。

步骤四

销　讲

第十一章

言之有物：
设计高效销售演讲稿

　　销售演讲，行业内简称销讲，主要用于为销售领域的从业人员做演讲。销讲全凭演讲者娴熟的表达能力和出色的演讲经验以及懂得怎样抓住演讲的主题和关键，达到较高的顾客满意度，让顾客得到各方面的实惠。

总结现象：了解客户现在的状况

销讲虽然也是属于演讲，但它不同于一般意义上的演讲。一般的演讲只要获得掌声得到认可就可以了。销讲的要求更高一些，不仅要得到客户的认可和掌声，更要得到客户的成交。用掌声投票，客户很容易接受，但是用钞票投票，这个就需要真功夫了，那可是真金白银。

在销售过程中，业务人员要善于总结同类客户的需求点，并找到满足同类客户需求点的销售解决方案。

这就是为什么有很多业务员没有业绩的原因。他们根本不明白什么是"总结现象"，其实这是因为缺乏某种观点、方法或者工具而造成的消极现象，而作为一名称职的销售演讲者，就要把这些听众的缺点一一罗列出来。总结现象其实就是帮助听众找到他的需求点。

的确，销售能否成功，了解客户的需求是尤其关键的，只有了解了客户的需求，才能有针对性地为客户提供他需要的商品，客户才能满意。

我在一次销讲中曾讲过以下的故事：

> 一位老太太去市场买水果。她走到第一个商贩面前，问道："你的苹果怎么样啊？"
>
> 商贩回答说："我的苹果个个保甜，不甜不要钱。买几斤吧，大娘……"
>
> 老太太摇了摇头，向第二个摊位走去，向第二个商贩问道："你的苹果怎么样？"
>
> 第二个商贩答："我这里有甜的和酸的两种苹果，请问您要什么样的苹果啊？"

"我要买酸一点的。"老太太说。

"我这边的这些苹果又大又酸,咬一口就能酸得流口水,请问您要多少斤?"

"来一斤吧。"老太太买完苹果又继续在市场中逛。

这时她又看到一个商贩的摊位上有苹果,又大又圆,非常抢眼,便走过去问:"你的苹果怎么样?"

这个商贩说:"我的苹果当然好了,请问您想要什么样的苹果啊?"

老太太说:"我想要酸一点的。"

商贩说:"一般人买苹果都想要甜的,您为什么会想要酸的呢?"

老太太说:"我儿媳妇怀孕了,想要吃酸苹果。"

商贩说:"大娘,您对儿媳妇可真体贴啊,您儿媳妇将来一定能给您生个大胖孙子。前几个月,这附近也有两家要生孩子,总来我这儿买苹果吃,您猜怎么着?结果都生了儿子。您要多少?"

"那我来二斤吧。"老太太听了商贩的话,高兴得合不拢嘴,便又买了二斤苹果。商贩一边称苹果,一边向老太太介绍其他水果:"橘子不但酸,而且还含有多种维生素,特别有营养,对孕妇和胎儿都有好处。您要是给儿媳妇买点橘子,她一定爱吃。"

"是吗?好,那我就再来二斤橘子吧。"

"您老真好,您儿媳妇有您这样的婆婆,真是好福气。"商贩边给老太太称橘子,边说,"我每天都在这儿摆摊,水果都是当天从批发市场运回来的,保证新鲜,您儿媳妇要是觉得好了,欢迎您再来。"

"行,以后我就来你这儿买水果。"老太太被商贩夸得高兴,一边付账一边应承着。

故事中三个商贩销售的是同一种商品，但结果却有着天壤之别。第一个商贩不了解客户的需求，便试图向客户销售自己的商品，失败是注定的。

第二个商贩虽然明白要了解客户的需求，并卖出了商品，但是并没有做成其他生意。原因在于他虽然了解到了客户对一种商品的需求，但没有挖掘到客户更深层次的需求。

第三个商贩充分挖掘了客户的需求，了解到客户购买商品的原因是想给怀孕的儿媳妇补充营养。据此，该商贩站在客户的角度考虑问题，向其讲述来自己这里买水果的两家都生了儿子，并且考虑到孕妇最需要营养，所以应该给孕妇挑选维生素含量高的水果，他又向客户推荐富含维生素的橘子。这样，第三个商贩不但卖出了商品，还卖出了相关的东西。不仅如此，他又趁机告诉客户自己每天都在这里卖水果，并且水果很新鲜，这样就为下一步的销售做了准备。

我告诉听众，从三个商贩销售商品的事例中，可以得出以下结论。要让客户感觉到我们是为他着想，而不仅仅是在销售自己的产品。要了解客户的需求必须做到善于分析思考客户的购买心理与动机。只有把客户放在第一位，站在客户的角度考虑问题，才能了解到客户到底有什么样的需求，销售才能取得成功。

内容为王：为客户提供具体的解决方案

企业的利润来源于产品的销售，是什么原因让一个经营得好好的企业破产、一家几万人规模的工厂倒闭呢？一切问题的根源都在于销售。因为，只有销售才能让企业持续发展下去，如果没有销售，企业就是无根之木。而在销讲之中，听众感兴趣的，都是他们最关心的问题，那就是关于销售的一系列问题。

为客户提供具体的解决方案，其实就是给听众提供期待已久的解决办法。对于听众而言，演讲者提供的解决方案如久旱之后的甘霖，及时而又充满魅力。

1. 准确找到潜在客户

销售是把产品卖给那些最需要它的人。因此，在销售过程中，业务员不要想着自己的产品谁都会喜欢，你最应该做的是找到自己的潜在客户。其实，这就像钓鱼一样，想钓到鱼，得找到一个看起来有鱼的地方。如果你跑到游泳池里去钓鱼，除了失败，你还能得到什么呢？所以，要先把潜在的客户打造成客户，你才有"钓到鱼"的机会。

2. 搞清楚客户最关心什么

乔布斯说："要从客户的角度思考问题。"某位国内很著名的销讲师也这样认为："用户买的不是钻头而是木板上的洞。"说到底就一句话，假如客户一直想拥有一辆三十万元左右的轿车，他是不会关心劳力士表是否又出了什么新款式的。所以，带给客户最想得到的商品，比什么都重要。

3. 证明比阐述更重要

尽管你磨破嘴给客户介绍某款产品的优良处，但客户根本没有理你的半点意思，你会怎么办？继续在那里讲下去还是想想其他的办法？答案是不言而喻的,继续表演下去只能让自己更加难堪,与其这样,还不如想个办法去解决一下,最重要的是,你得让客户知道你销售的产品真的有你说的那么好。证明出来,比你说一万句话更重要。

4. 不做演讲家而做展示者

客户并不喜欢滔滔不绝的业务员站在那里没完没了,他们需要的是真真正正的实惠与结果,因此,你要用一个切实可行的办法,去打消客户的疑虑,而不是一味地介绍,展示一下产品的性能及耐用性就足矣。如果此时仍没有成交的可能,那真是客户太没眼力了。

5. 最大限度发挥幻灯片的视觉功效

如果你没有随身带着产品,只是一味地向客户介绍该产品如何好,他们购买了以后会怎样,相信客户根本不会买你的账的,因为光凭一个人在那里说,效果是微乎其微的。没有什么比让客户亲眼看到、亲身感受到你的产品更来得真切了。如果能够做到,就让客户亲身体验一下你的产品和服务。如果无法做到,就用PPT把它打在大屏幕上,让客户有个很直观的认识。

6. 演练、演练,再演练

演练的时间和次数与签单的多少成正比,即便是乔布斯也是在无数次彩排后,才信心百倍登上讲台的。因此,说什么都是在浪费时间,开始演练吧!同时,请内行的人在旁边给自己提一些意见,也是明智的做法。

一个优秀的作家从来都不会在小说的开头便把所有的情节铺展出来,而是慢慢通过一个个故事情节,去告诉你整部小说讲了个什么故事。乔布斯也是这样做的,他在一次演讲中一开始就用"苹果公司最具革命性的产品"之类的词来吸引现场的听众,"不经意间,这世界上就可能会出现革命性的产品或创意,而苹果公司则荣幸地作为先行者",从"1984年Macintosh的推出改变了整个计算机行业",到2001年iPod的问世"同样也改变了整个音乐行业",诸如此类。

在通过这些前期铺垫后,乔布斯便把iPhone的优异之处慢慢讲了出来,观众的心中也渐渐形成印象了,他在这里和现场的听众开了一个小玩笑,

"今天,我们要介绍三个具有革命性的产品。第一个是带触摸屏的iPod,第二个是个移动手机,第三个是个互联网通信装置。"在反复对这三个产品进行描述后,他才开始道出自己真正的目的,"你们懂了吗?我要介绍的不是这三个产品,而是结合了这三种技术的一个产品,苹果将要进行手机革命了!"

乔布斯的演说就像一场突如其来的春风,把听众心中的"疑虑严冬"吹化了,让所有的听众激情澎湃。为达到这样的演说水平,没有捷径可走,只有演练、演练、再演练。

指出问题：挖掘需求，扩大痛苦

我曾告诉那些负责销售的领导及业务员，首先要帮助客户找到他的真正需求——伤口，找完伤口并不算完成了任务，还得在伤口上再撒一把盐，这样客户才能真切地感到伤口的存在以及其严重性，这就是指出问题。问题一一指出之后，客户就会急切渴望得到解决问题的方法，而我们真正要做到的是创造需求。

在销售过程中，人们的思想及行为，不管是无意识的还是有意识的，都受到两个因素的支配，这就是追求快乐的欲望、逃避痛苦的动力。而这有一个明显的特征：痛苦的影响力要比快乐的影响力大很多。人们在对这些快乐、痛苦的程度做比较时，一般会倾向于逃避痛苦，这也是销售的切入点。

拥有一套海景房，是许多北京奋斗者的梦想，在一次青岛某房地产海景房楼盘促销活动上，售楼经理面对台下北京的一群邀约购房者讲起了本期楼盘的特点。

> 各位来自北京的朋友们好！各位在大城市经过多年的打拼，相信都有自己的家，然而以当地的高房价，人们一般很难拥有心目中理想的居家环境。虽然大城市的收入不菲，但快节奏与高压力，在高楼林立的狭小空间，时常难以得到释放，这也使得很多朋友都想拥有自己心目中的海景房。在节假日带着全家或者闲暇之余独自一人，来到自己的海景房度假，是许多北京朋友的梦想。
>
> 作为全国知名的旅游城市，青岛××地区以山、海、林、滩、岛特色旅游景观闻名全国。未来将拥有××海上娱乐场所，将

形成冬天度假到三亚，夏天度假到青岛的新的旅游格局。各位朋友，在这样的历史发展机遇下，××湾海景公寓应势而生，独享着青岛西海岸的无敌海景，必将成为您新生活的发源地！难道您不想拥有心中的那片港湾吗？我将带您走进青岛，走进××湾。

接下来请各位共同欣赏青岛最美的海滩海景房——××湾（接着播放7分钟短片）

各位朋友，我相信您已经听到海浪拍岸的声音了，我相信您也感受到赤足奔跑在沙滩上的愉悦了，我相信您已经体验到躺在阳光下看海的快乐了。××湾——就是您梦寐以求的那片港湾！接下来，我们将带您走进这片港湾，一起去体验××湾带给我们的更多精彩！

各位朋友，俗话说：百闻不如一见，一见不如亲身体验。我们真诚邀请现场的各位朋友，来到青岛，到××湾来实地考察，来到我们的沙滩，来呼吸一下这里的新鲜空气，来吹一下这里清新的海风，来品尝一下我们这里的美味海鲜。我相信您一定会不虚此行的！××湾将成为您的最佳选择！选择青岛，选择××湾，选择您的海滨度假新生活！

售楼经理精彩的解说，讲出了生活在大城市居家环境的痛点，也讲出了大众心目中海景房的梦幻环境，使得在场的不少受邀者，跃跃欲试，纷纷选择签约并购买当地的海景房。实际上，众多海滨城市的海景房也都是通过如此推广方式而售卖出去的。

在与客户交流时，千万要记得帮他们挖掘需求，就要把问题扩大化，扩大其痛苦，促使其做出想要购买的行为。你要站在客户的角度分析他们的需求。

有个人在马路上走着走着，一个卖手表的小商贩拦住了他。

小商贩对这个人说："先生，打扰您一下。"边说边从口袋里面掏出一张促销证来，还说，"我是这家公司的促销人员。"另外一只手里拿着一块手表，说："先生你看，这块手表是世界名表，在大商场里的价格是6000到7000元，最便宜的都要5000元，现在我们公司正在搞促销活动，价格只需要500块钱。先生，像你这样地位跟身份的人，买这样的表再合适不过了，所以，先生，你是准备付钱还是刷卡呢？"

那个人看了看他："实在抱歉，我没有这个需求，而且我平时又不戴表。"

小商贩说："先生，不戴表没关系的，重要的是我刚刚忘了把它的产品功能向你介绍了，这个表最大的卖点是防水防震，还有夜光的功能，你不信拿表往地上摔，摔坏了算我的。"

那个人对小商贩说："我真的不需要表。"

小商贩又对那个人说："先生，没关系。看得出来，你对这个手表一定蛮有兴趣的，这样吧，就算今天交个朋友，500块钱也不要了，300块钱，付现还是刷卡呢？"

那个人看了看他说："真的很抱歉，我真的没有需求。"说完就走了。当那个人刚走出去大概5步远，小商贩又绕到他前面开始跟他说："先生，最后打扰您5秒钟。"

那个人说："什么事？"

小商贩说："先生，你不需要没关系，但是你完全可以把这个表作为礼物送给别人。"他边说边从口袋里拿出一个盒子来："你看我把这块表放在盒子里面，看上去多么精美、上档次！怎么样？看得出来，先生你还是蛮有兴趣的，这样吧，现在我们交个朋友，生意做成了，你再帮我推荐两个老顾客好吧。这样吧，300块钱也不要了，盒子我也送给你了，人民币200块钱，先生，付现还是刷卡呢？"

我问现场的听众：碰到这样的情况，大家认为那人是要还是不要？听众都回答不要。相信大家都碰到过相类似的事情，比如遇到有人推销手机、照相机这样的产品。那么为什么大家在马路上通常不会接受这类推销？

　　首先，如果一件商品的价格真的是六七千块钱，你会不会在地摊上买？应该不会。证明小商贩的场所选得不对。其次是商品价格从500元钱降到300元、200元，降价两次，降价那么频繁，导致客户对产品的信任感降低。最后，这个小商贩没有真正地了解客户的需求，没有从真正意义上满足客户的需求，只是一味地介绍产品的功能，要求客户赶快下订单购买。如果这样的销售能成功的话，大家都是亿万富翁了。

使用道具：看得见的演讲更精彩

销讲与演讲基本一致，它也有三个基本的要素：演讲者、听众以及环境。一般来说，在销讲过程中，这三个要素缺一不可，听众不仅要看到、听到，而且还要闻到、尝到、触到。

因此，在进行演讲时要使用道具，看得见的演讲更精彩。这就是有些演讲者为什么要在演讲开始前精心制作幻灯片的原因。

1. 吸引听众的注意力

如果现场的听众看不到产品实物，只能听演讲者去描述，那就很难引起听众的注意力，无论演讲者把产品说得如何天花乱坠，也无法引起听众的兴趣。但是，只要演讲者在幻灯片上加入一些实物产品的展示内容，就可以让那些走神的听众产生极大的兴趣，并将其注意力集中到你的演讲上，就像厨师炒菜时添加进了适量的调料，饭菜马上会变得美味可口。

2. 帮助听众了解传递的信息

在某种情况下，语言无法展示出一件商品的所有信息，如果演讲者能借助图片来加以展示的话，其效果就会更好。现在电脑制作的三维动画，完全可以很轻松做到这一点。

3. 加深听众记忆

对大多数听众来说，能够看到产品的实物往往比演讲者描述出来的更容易理解，如果能够使听众接触到或者直接操作产品的话，那就更容易让他们下决心购买这款产品，这就是人们常说的百闻不如一见的道理。

4. 带来欢乐和趣味

几乎每个演讲者都喜欢以图片作为表达的辅助，经过精心制作的辅助工具的确可以带给听众许多欢乐和趣味，尤其当把色彩发挥到最佳时，更能给听众带来欢乐和趣味。

同时，演讲者还可以制作一些提示卡之类的东西，方便在演讲过程中忘记某些内容时，给以必要的提示。

那么，如何制作幻灯片？下面介绍几种制作幻灯片的方法及要点。

第一，主题突出，内容正确。

幻灯片一定要主题突出，内容正确。因为幻灯片是辅助演讲主题的，不仅仅是用来吸引听众兴趣的，它的作用是很大的。

第二，内容和画面与主题契合。

幻灯片要与内容、演讲者的描述等相配合，并且一定要与主题相吻合。

第三，文字简洁清晰，色彩鲜艳和谐。

一张幻灯片上的字不要太多，一般以几十字为宜，多了会给人一种压抑的感觉。另外，在颜色方面，同一张幻灯片上最好不要超过三种，颜色不要给人一种刺眼的感觉，应注意色彩的合理搭配，要创造出一种特别柔和的感觉。

当然，演讲者可以使用举例、比较、图表、数字等多种方法进行演讲，尽量给听众一种直观的感觉。正如大家常说的：文不如数，数不如表，表不如图。

值得一提的是，你想在演讲现场展示一件商品或一个模型，一定要把它放在所有听众都看得见的地方。将道具放在讲台前面的桌子上，前排的听众当然可以看得见，但最后面的听众就不一定看得见了。有条件的话，可以让主办方找一个能够让后面的听众看得见的支撑物。

把道具放置好之后，演讲者不要站在挡住听众视线的位置。应该站在道具的另一侧，并尽量不要让自己的手臂碰到道具。如果需要向听众解释的话，用一根铅笔、一把尺子或其他的东西代替。这可以让你站在离演讲道具较远一点的地方，以免挡住听众的视线。

同时，你也要避免道具在听众中传看。道具一旦到了听众手里，演讲现场就无法保持以前的安静气氛了，同时会有好几个人对道具的兴趣超过对你的兴趣——刚刚看过演讲道具的人、刚刚拿到手的人、等着拿到演讲道具的人。在道具传递的过程当中，这几个人的注意力都不会在你的演讲内容上。

第十二章

销售策略：
不卖产品卖欲望

　　脑洞大开的营销人员都不会错过一波宣传，其实只要你善于观察和发现，就会知道每一次宣传的本质都是类似的。想要将自己的产品或服务推广出去，就要学会这一点，销售的策略就是让客户觉得你不是在卖产品，而是在卖欲望。

极致体验：将听众引入消费场景里去

在给一家企业的营销人员进行培训的时候，我得知他们最大的困惑是产品无法推销出去。这就应该是此次培训要重点解决的问题。

首先，我问学员：在互联网普及之前，人们的消费方式是怎样的呢？曾有一段时间，因为一部电影，许多人便涌到了影片中出现的那个地方去，其实在此之前，大家对这个地方也是知道的；电影上某个明星穿了身什么样的衣服，大街上到处能看到这样的服装，甚至是明星的一个发型，也能引起许多人的模仿；滑板开始在都市流行时，大街小巷到处都能看到一些小孩子、年轻人在玩滑板。

生活本来就是一部电视剧，每个人都在其中扮演着一个或多个角色。人们通过极富个性的自我，试图向别人显示自己的优秀。这样的生活观念带来了消费的新方式，即场景消费。

什么是场景消费呢？现场的听众没有几个知道的，其实就是消费者在头脑中构想出场景来，然后把想象出来的商品购买回来。对于场景消费来说，消费者认为购买的商品不仅仅要性能好、质量优，还要能够使人联想场景，满足自我想象的需求。

对于推销人员而言，最重要的是什么呢？就是要知道消费者对商品有些什么需求，他们愿意为什么样的商品掏钱，最希望购买什么商品。事实已经证明，对于消费者而言，商品是他们按自己的兴趣想象出来的，然后再把这种商品与想象中的场景进行搭配。所以，除了商品的性能及所能提供的便利外，消费者主要是为商品作为信息所具有的价值花钱。

我给现场的听众举例：比如手表，最初人们购买它的目的不过是想知道时间，只要它走时准确，就是最好的表。以后，它又成了体现人们生活水平的方式，所以高级名牌表大受欢迎。但是现在，顾客购买一块表是根据生活场景来选择的，比如他想要去参加一个很上档次的画展，那就要佩带具有艺术风格的手表；如果要去一个高档俱乐部，那就要佩带高档的名牌表……因此，能够构成一种场景气氛的手表才能让消费者掏钱购买。再看看那些能够展示某种新颖、愉快、舒适的生活场景的商店、广告，对消费者具有无穷的吸引力。

这就是场景销售。其实，这算不上创新出来的营销方式，只要我们去看看商场里的一些商品陈列方式，就可以发现一些场景销售的影子，比如组合型家具、摆放得极富生活气息的化妆品、穿在模特身上的那故意磨破的牛仔裤等，都属于场景销售范围。

而植入式广告与创意文艺片营销，更是不折不扣的销售场景的典型。这些商品虽然是商品，但当它们不是像以往电视里的广告一样，而是以另一种大家喜闻乐见的形式出现，直到你看完了这个文艺片才知道原来这是一个广告，比如杜蕾斯、星巴克等，其宣传效果远超以往的普通广告。那些让人过目不忘的创意广告无不给人们展示了一个快乐的、含蓄的场景，即使消费者不去购买此种商品，也会产生无限的联想，他们闭上眼睛就能沉浸在梦想构筑的场景中。

商场里那些能勾起人们购买欲望的商品摆设，尽情地体现出卖场空间场景销售的魅力。在这样的场景中，如果消费者买了一套合身、经典的衣服，一定会想到再配上模特穿戴的鞋帽效果更好，买完了鞋帽，又发现了模特的腰带、背包等饰物，于是一起购买了。或许，这位顾客到商场只是想买一身衣服而已，买着买着却连同鞋帽、腰带、背包、饰物等一系列物品一起购买了，大大超出了顾客的计划。这只是一个场景销售的案例，如果销售人员能充分利用场景销售的特点，还可以完成更多的产品销售。

有个听过我演讲的学员，回去之后向老板建议，把公司的大商场完全变成场景销售模式。老板接受建议后，商场变了模样：从一层到五层，整个商场布置成不同风格的生活、工作和休闲空间，有我国南方风格、我国北方风格、外国风格的；有现代风格、复古风格、未来世界风格的；有生活空间、工作空间、休闲娱乐空间等多种场景。

进入商场，犹如来到一个多姿多彩的世界，你可以在其中寻找、发现自己想象中的天地。假如你想买一套家具，从商场布置好的各种风格、品位、特色的家居场景中，尽可以根据自己的意愿和想象，随意选择；假如买音响，商场有专门的视听室可供调试、选配；假如买电视，商场也早模拟好了房间摆设，在款式、体积、色彩方面的搭配上可供参考；即使是买一条领带这样的小物品，照样有无数种与不同衬衫、不同外套的搭配效果，以供你挑选。在这样的商场里，商品是不会在货架上摆放的，每一种商品都配有各种场景，并且与周围的物品有着或多或少的联系。

这家商场在经营中将顾客引入消费场景，给他们极致体验，而这样的场景能够帮助顾客寻求完美的梦想世界，也提升了他们对其他商品的兴趣。

制造诱惑：不是卖牛肉，而是卖"嘶嘶声"

不知道大家有没有听过这个故事，有个卖烤牛肉的小伙，每次在做烧烤的时候，总是把生得很旺，为什么要这样做呢？因为这样一来，牛肉在很旺的炭火作用下，里面的油会被烤出来，从而发出一种"嘶嘶声"，火越旺，这种"嘶嘶声"就越大。刚开始时，那些烧烤经验老到的人都取笑他，认为他这是胡闹。其实，这个小伙还是很有经营头脑的，他认为这个"嘶嘶声"一定会激起顾客吃烤牛肉的欲望，事实也如他所预想的那样，他的烧烤摊前总是排着长长的队伍，因为大家一听到他烤牛肉的"嘶嘶"声，就忍不住想吃。

一个出类拔萃的烤牛肉经营者，往往不会直接推销烤牛肉本身，他会独辟蹊径地去推销烤牛肉时发出的诱人的"嘶嘶声"。客户一想到牛肉在炭火的烧烤下发出"嘶嘶声"，就会联想到牛肉外焦里嫩的样子，这样谁都不会拒绝他的烤牛肉。

一款产品就如同一块牛肉，但目前的情况是，能够提供牛肉的商家太多了。在产品同质化严重的情况下，在品牌、价格、服务等内容之外，还能有什么高招去吸引消费者购买你的产品呢？体验营销就是在这种情况下诞生的，它会让顾客听到牛肉烧烤时的"嘶嘶声"。

现在有许多消费者都有这种情况：各种各样的产品买了许多，但有实际使用价值的并不多。再加上一些电商为了促销，人为地创造出一些消费的节日，诱使人们不惜财务透支，甚至刷爆信用卡。有的人原来只想买个手机壳，最后竟发现自己一口气挑中了四个不同颜色的手机壳、三根数据线、一个移动电源，还有一个"自拍神器"。这就是大家常说的"网络购物狂"。小到一支牙刷、一盒粉底等生活日用品，大到冰箱、电视机等家用电器，许多人都喜欢在网络上购买，尤其是年轻一代。可以说，网购已经深入人们生活的每个角落了，打开电脑或智能手机后，不少人首先登录的是各大购物网站，看看当天有哪些新品上架，有什么打折优惠，看到便宜的就赶紧下单，天天都会收到好多快递包裹，如果哪天快递员没有来敲门，都已经有些不习惯了。

的确，随着互联网的高速发展，国内出现了许多大型电商，它们在改变以往销售模式的同时，也改变了消费者的购物方式。国家统计局数据显示，2015年我国网上零售额近四万亿元，跃居世界第一，占了消费总量的13%左右。

电商们制造出来的诱惑，就是"不是卖牛肉而是卖'嘶嘶声'"，使得许多人随时随地加入网购的行列，赶上一些电商制造出的节日，甚至不惜刷爆信用卡来消费。

可以看得出，商家们了解透了客户的消费心理，在人为制造出来的节日中低价促销，让消费者感觉自己占了大便宜，诱导消费者去消费。这也是我们的销售人员应该学习的。

放大痛点：激发消费欲望

在每一次培训中，我都会反复告诉销售人员：产品不是在销售人员脑子里卖出去的，而是在顾客脑子里卖出去的。什么意思呢？作为一个销售人员，我们要做的就是放大顾客需求的痛点，影响顾客做出购买的决策。因为有时候顾客虽然知道自己需求的是什么，但他们还处于犹豫和迟疑当中，决定不了究竟是买还是不买。

销售人员需要从和顾客的对话中判断他的心理，然后想办法放大顾客的内在需求，给顾客提出建议或者解决方案，引导顾客将需求的注意力放在产品上。的确，对于大部分人来说，让他们做出购买决策不是一件很容易的事情，他们在购买产品之前总会思前想后、犹豫不决、权衡半天。在多重因素影响下，很多人失去了自我，没有明确的购买需求。

一旦出现这样的情况，销售人员要想方设法刺激顾客产生紧迫感，刺激顾客产生购买积极性，以做出购买决定。这个过程就是刺激顾客需求快速升温的过程。我把激发顾客的迫切需求的方法总结为：抓痛点、挠痒点、放大兴奋点。

当然，近两年多家电商为消费者提供了广泛的选择空间，许多人在消费时变得更加理性，他们在决定是否购买商品时，懂得了比较，从价格、款式等多方面进行对比，因此，在这样的现实条件下，销售越来越难以成功。

我认为，顾客和我们一样，都属于"情感类动物"，只要有情感，就会有感官上的刺激。他们在购买许多商品时是会失去理性的。认识到人性，用情去打动他们，刺激他们的感官，一定会让他们产生购买欲望。

美剧《欲望都市》中，女主角卡丽·布莱德肖说：一年又一年，二十出头的女孩来纽约市只为了得到两件事——品牌和爱情。这两件事都是人们无法控制的欲望。人们每天只做两件事：做需要的事情和满足欲望。前者是你必须做的，后者是你想做的。

找一家企业去工作赚钱，是你必须要做的，是需要，因为不上班，你就没法养家糊口。你今天去听讲座，是欲望的作用，是你想来听，尽管没有人会给你钱。

销售人员需要明白的是，在所有的交易中都包含需要和欲望两个因素。需要因素占主导地位，是满足人们的基本消费。满足需要时，人们会把价格看得比较重。满足需要并不能让人心情愉悦，而欲望则截然相反。

想一想下面这两句话：人们需要喝水，但他们只要依云；人们出行需要有汽车，但他们只想要保时捷。其中，喝水和出行是需求，依云和保时捷是欲望。

相信各位读者都了解马斯洛的需求理论，他认为人们在这个社会生存的需求是由多种不同的需求组成的，包括生理需求、安全需求、社交需求、尊重需求和自我实现需求，而其中有关精神的需求——欲望需求，占据了人们总需求的一半以上。

放眼看看人们的大多数消费，都是属于欲望型的，即使是吃饭穿衣这种日常的需求，也演变成了欲望。没有谁会在饿得不行了的时候才吃饭，到了不得不光着身子上街的程度才去买衣服。人们的日常消费更多的是受欲望的驱使，而不再是基本的需求。

我们每人身上穿的衣服，有的50元就可以买到，有的要5万元才可以买到，它们都能发挥挡风御寒的基本功能。50元的衣服是满足需要，穿着不冷就行了。5万元的衣服呢，是为了满足你的欲望，包括彰显品位和身份。

传统营销模式过于重视客户决策过程中逻辑性的理性因素，而事实上感性的非理性因素对消费者购买决策发挥着越来越重要的作用，这就是为什么哈雷摩托的引擎声能让消费者抱有热烈情感。

举个例子，咖啡豆在非洲一斤几毛钱；袋装咖啡一袋几块钱；在咖啡店里喝咖啡，一杯十几块钱；在五星级酒店或一些俱乐部里喝咖啡，一杯要几百块钱。同样是咖啡，为什么价格差距这么大？原因就在于，人们的体验不同，在五星级酒店或俱乐部里花费的钱，很大一部分是你为自己的小资情调付的钱。

想想 20 世纪 90 年代以前的商场和现在的商场有什么不同。那时的商场摆放的全部是商品，而现在的商场则完全不同，有休闲娱乐区、餐饮区，这些非商品因素的加入提升了商场的品质。

看看我们天天使用的手机，功能有多少种，实际经常使用的无非是接打电话、上网、聊天、照相等，生产商为什么还要开发出那么多功能呢？没有用吗？有用，那是给销售人员使用的功能。再看看高清电视，电视信号都不是高清的，要高清电视有什么用？就是为了销售人员能有说辞。总之一句话，那就是放大客户的痛点，目的是激发其消费的欲望。

限量提供："稀缺效应"激发占有欲

我曾经跟一个邻居聊天,她是一位年轻妈妈。她提到这几天孩子不太讲道理:"我的宝宝两周岁,最近一个阶段,老是说'我的',凡是拿到手的东西,都是'我的',要不就是'妈妈的''妈妈买的',甚至指着天上的太阳,说'我的''妈妈买的',我都要被气死啦。"

两三岁的孩子正处于自我意识逐渐形成的时期,占有欲只是其中的表现之一。对于这个年龄段的孩子,即使家长说破嘴皮子,他们也不会听进去半句的,别说是一个玩具了,所有眼前能看到的东西,对他来讲都是属于他的。

其实,每位消费者都有着两三岁孩子的特性。只要消费者的占有欲望强烈一点点,大多数的消费潜能可以被开发达到超过一倍。如果某位顾客只想购买一个价值五千元的戒指,当他的消费潜能被完全激发出来后,最后可能会购买一万二千元的商品。

> 某奢侈品店销售人员是这样说服客户的:"一个三万元的手镯,看起来很贵,戴二十年的话,每天才四块一毛钱;戴三十年的话,一天才一块多,就如同吃一碗米饭那么便宜。如果你每天少吃一碗饭,每月少买一件衣服,就可以省出一个手镯了。"当听到"少"这个字时,会引起顾客的心理落差,少买少吃与痛苦相连,要节衣缩食,他们一般会失去购买欲望的。
>
> 另一位销售人员是这样说服客户的:"这一款很受欢迎,××大公司老总的夫人昨天来买了一个。这是我们的专利产品,每个款式限量,推出一段时间就不会再制作。你戴出去,如果看

> 到有同样的，99%会是假的。我们针对会员推出的获奖饰品系列，既体现出会员的与众不同，又体现出尊贵。"

第二位销售人员给客户推销商品使用的就是"稀缺效应"。什么是稀缺效应？大多数人都害怕失去或得不到，女人在这方面尤其突出，会对稀有的东西怀有本能的占有欲。许多销售人员会利用人们这一心理特性，在销售中采用"名额有限""仅有一次""最后机会"等方式来吸引客户迅速做出购买的决定。

在这一方面，不得不提一下小米手机的营销策略。自从小米新机开售以来，它的官网和京东平台上都是一机难求，大家想买但是买不到，只有干瞪眼的份儿，每逢此时，有些客户就会在雷军的微博评论区"开炮"，直指小米又在搞饥饿营销。

如果你想成为一名出色的销售人员，那就要多看点心理学方面的书籍，多了解一些客户的消费心理，即担心失去、得不到，所以对稀缺物品有着本能的占有欲。在购物方面，人们对稀有品的占有欲也表现得很明显：越是稀有的商品，人们越是想买到它。

销售人员在与客户沟通的时候，还可以想办法让客户知道，这种商品比较畅销，以至于出现紧缺的情况，让客户觉得现在不购买以后就永远没机会了。比如，销售员可以说：今年下半年的货可能会比较紧缺，我们公司目前找不到更好的设计师，这个产品以后再也不会有了；或者，这款商品是限量版的，可能过不了多长时间，价格也会相应提高，建议您及早购买，别错失良机。客户听了这些话，"物以稀为贵"和"害怕买不到"的心理就会蠢蠢欲动，便会决定立即购买。

量身打造：只此一家，别无分店

"只此一家，别无分店"原是一些店铺招揽生意的用语，向顾客表明它没分店，只能在这一家店里买到某种商品。

我在销讲中向学员强调，一定要把每一位顾客当成独一无二的，因为没有人希望自己被当成一般人对待。如何让每一位顾客都认为你的产品是专门为他量身打造的，如何让每一位顾客爽快地购买你的产品，无疑是每个销售人员都应考虑的问题。

许多销售学员向我反映，有些顾客对一种商品反复试穿、反复研究、反复询问，可就是不买。比如说，顾客在某店铺专柜试穿了一双品牌鞋。

> 顾客：价格能不能再低一些？
> 导购：很抱歉，我们店铺的货品保证质量，都不打折。
> 顾客：如果出现质量问题怎么办？
> 导购：如果发现质量问题，您一个星期之内都可以退换。
> 顾客：那这双鞋平时应怎样保养？
> 导购：平时多上油打理，不穿时及时清洁，放入鞋撑，保持皮面完整……
> 顾客：我看看再说。

这是为什么？其实，只有当顾客对某种商品产生强烈兴趣的时候才会有购买行为。有时候，顾客对自己究竟是买还是不买都模糊不清。你需要帮助顾客认识到购买这款商品的重要性，引导他购买，或为他讲出各种购买的理由。这需要根据顾客的气质、谈吐、着装等因素进行准确的判断，理由要叫人觉得既天衣无缝又在情理之中。

其中最主要的是，你要让顾客的头脑中产生一种想象，购买了这款商品后对他会有一个什么样的改变。意向引导中所有的一切行动都是你安排的，但在顾客看来一切都是按照自己的意愿进行的，一直到交易成功后他都以为自己是最棒的。要在一开始就向顾客做有意识的暗示，如你买了这身西装肯定会有一种与众不同的气质，要给顾客一定的时间考虑，不能急于求成。

的确，有些顾客在社会上是经历过风风雨雨的，对自己辛苦赚来的钱特别珍惜，致使他在购买一种商品时常常会犹豫不决，尤其是在买高仿物品时会产生较大的心理压力。此时，你就可以将整个商品的价格变为分散性的价格，如换算成一年是多少钱、每个月是多少钱，再到每一天是多少钱，把这一切一一说给顾客听，最后让他自己逐个逐段地拿主意，当逐个决定的优势足以打败犹豫时，最后再综合整体决定，以促成购买决定的达成。

给顾客一种量身打造的感觉，让他觉得这件商品就是专门为他生产的，并且还透露给他一个信息：只此一家，别无分店。顾客在考虑其购买行为时大多是犹豫不决的，买了担心不划算，不买怕失去机会。面对这种情况，你可以告诉他，如果还不下定决心，则有可能失去一次好机会。

比如，面对中国这个如此庞大而又诱人的汽车市场，所有汽车厂家都在不遗余力地打入更多的产品，以此占领每一个细分市场。中国的豪车市场犹如一块大肥肉，引得众多厂家虎视眈眈。电影《大腕》中李成儒的一句经典台词就可以概括其中的奥秘："你得研究业主的购物心理。"

> 福特公司的林肯轿车为更好地融入中国市场，打造"林肯模式"，迎合中国消费者需求。福特汽车公司总裁兼首席执行官马克·菲尔兹估计，将来林肯在华的销量会超过其在美国的销量。
>
> 他说："中国目前是最大的豪车市场，因此这对林肯来说是一个很积极的迹象。林肯非常重视在华的发展，同理，我们公司也在

设法发展我们的销售网络。"林肯近期在华的推出时机是"几乎完美"的。林肯为中国的客户量身打造了"林肯模式",诸如多元素、透明化以及个性化。每辆在华的林肯车都配备有实时联系经销商的通信设备,这样一来,经销商可以掌握客户的信息并留有历史记录,时刻准备为客户服务。

物质需求和精神需求是人们生活的基本内容,销售人员要懂得激发顾客的需求,使其认识到购买一身名牌西装不仅能给他的社交带来很大的帮助,而且能给他带来高贵典雅的气质。这样就能从物质和精神方面双重刺激顾客的需求,促使其很快做出购买决定。

销售人员引导顾客并不是花时间去跟他聊天,而是要在一个固定的范围内进行说服,以便让顾客迅速做出购买决定。一般来说,给顾客提供的选择越多,顾客越不容易下定决心,所以提供的选择一般以两种为佳,目的在于帮助顾客了解商品的真正价值,使顾客获得安全感,并增强他们对商品的信任,从而使其自觉自愿地采取购买行动。在所有交谈中,销售人员要保持一种自信的态度,并给顾客造成一种"只此一家,别无分店"的感觉,如果他不买你的商品,将会后悔终生,这样他会下决心购买的。

第十三章

找出要点：
巧妙解除客户的拒绝

是什么让你的销售生涯产生翻天覆地的变化？现在让我们学一学在解除顾客拒绝的时候可用哪些巧妙的方法。这些能够立刻化解顾客拒绝的方法，你掌握得越多，越能够快速成交。

判断真假：判断客户的拒绝是真的还是在搪塞

在我的演讲中，常常会有些学员说，他们最怕的就是客户的拒绝，客户一旦拒绝，即使你有千条妙计也无计可施。的确，经常有销售人员已经整理好了客户资料，客户也选择与确定下来，但就在起身准备拜访客户，或车已经开到半路上了，却接到了客户的拒绝电话。这是让销售人员最为头痛的事情。

大多数情况下，客户拒绝约见的理由主要有以下几种：

1. 最近几天很忙

明明有过好几次接触了，可当销售人员提出想约见客户时，客户却常常以自己没有时间或比较忙为由拒绝。当客户说自己这几天很忙时，有两种可能，一是他真的没有时间，二是他以忙为借口拒绝约见。这个时候，你就要懂得判断客户的拒绝是真的还是在搪塞，如果客户真的是因为忙才拒绝约见的，那就要客气地回答"那过几天再见吧"；如果是在搪塞，那你就要想方设法取得客户的同意，尽量抓紧时间见一下面，不管怎么说，生意做成做不成，总要试一下才知道。

2. 这些日子资金有点紧张

有时，客户不想与你见面谈，是因为企业的资金真的不多了。很多客户因为发出去的货款没有收回来，手头只留有一笔备用资金，没有多余的资金进行这次交易了。如果客户的确没有其他资金了，即使去约见他，成功的可能性也不大；如果不是他的资金紧张，你就要想办法去约见客户，否则，你将无法谈成这笔生意。

3. 觉得与原来的供应商合作很成功

如果你想约见的客户原来是有供应商的，并且双方合作得比较满意，他一般是不会想到去约见你的，会选择与原先的供应商继续合作下去，而不会放弃原来的合作伙伴，去选择一个新的合作对象。

让这个客户放弃原来的供应商，转向与你达成良好的合作关系，是非常困难的，你那些制作精美的产品宣传单根本吸引不了对方的兴趣，你必须充分利用你的产品质量、价格优势及付款方面的优惠条件，比如自己的产品质量是对方无法达到的，价格方面也比对方便宜几个百分点，货款可以推迟三个月后支付，如果发现质量问题可以退货并双倍返还货款等。

4. 人事方面有变动

一般而言，客户方面如果发生了人事变动，新任经理可能不会马上进行大的调整。他需要先把整个部门的情况了解清楚了再说，在这期间，他一般不会与没有合作过的供应商发生某种联系，他会尽量沿用以前的供应商来开展工作，并且，也会想办法与原来的供应商搞好关系。尽管如此，如果你能了解新任经理的心理，还是有希望做成这笔生意的。所以，你可以多次约见该新任经理，想尽一切办法与其建立关系。

那么，遇到这些情况该如何应对呢？

首先，辨别客户提出的抗拒是真的还是假的。

遇到客户拒绝的时候，如果你判断他是真的要拒绝，那当然就要先缓一下再说，但绝不能放弃。有些客户经常用假的反对意见来搪塞你，这时候你有几个方法可以应付：首先是假装没听到；其次是勉强听一下，回答他一下；最后，也是最关键的，就是你直接再追问，客户最关心的核心是产品价值的部分。

其次，锁定问题。

你想约见的客户拒绝了你，不管其理由是假的也罢是真的也好，你都要问他：除了这个问题你还有没有其他问题？你除了关心这个问题，还关心不关心其他问题？

再次，取得客户的承诺。

让客户给你一定的承诺。你要对客户讲：只要这个问题能够解决的话，你就能够现场做决定吗？那这个问题我们若能够解决的话，我们现在就能合作了吧？让他给你一个明确的答复。

最后，进行肯定式的称赞。

进行肯定式的称赞，是很有效果的一招。你可以这样对客户讲："我知道你是一个说一不二的人，更是一个讲信誉的人，我知道你们公司很重视品牌这方面，特别是在对合作伙伴方面非常有信用。所以，你是一个言行一致的人。"如果他能够说："当然，我们公司很重视品牌的。"那么与其合作的事情一般是没有问题的，他就能当时做出合作的决定，因为谁都想做一个有信誉的人。

总之，客户拒绝约见总是会找出各种理由，这些理由有的是真的，有的只是为了搪塞你。销售人员遇到约见客户被拒绝时，一定要认真分辨这些理由的真伪，坦然面对真的理由，并认真分析被拒绝的具体原因，及时解决，为下次约见客户打下基础。

确认抗拒点：找到可替代的解决方案

想成功推销出自己的商品，让客户把钱从口袋里掏出来，的确不是件容易的事。客户会想尽一切办法进行反抗。当然，此时销售人员应该做的就是确认客户的抗拒点，找到可替代的解决方案。

1. 先发制人，以防为主

一旦客户有抗拒的征兆，最有效的方法是在客户刚想提出异议的时候，你先主动把它解决掉，让客户彻底放弃抗拒的想法。比如，你推销的这款产品很昂贵，在与客户沟通的时候价格会成为其抗拒的理由，你就应该这样说："我想告诉你，我们的产品是市场上最昂贵的。但是，你要明白，一分价钱一分货，优质的产品从来不会是便宜货。"用这种方式抢在客户前面，他就不会再说"价格贵"。当然，无论客户不想成交的原因是什么，你都要在一开始就做好准备，防止让它成为一个抗拒点。

2. 充分准备，万无一失

在与客户交流时，他可能会提出种种抗拒的理由，只有对他的抗拒点对答如流，才会做成这笔生意。如果你吞吞吐吐说不出个一二三来，客户会对你之前说的话产生怀疑。因此，你要能够铿锵有力地反击客户的抗拒理由，这会让这次谈判顺利地进行下去。记住：没有准备就肯定失败无疑。

3. 客户忘记，不要再提

如果抗拒点是发生在产品介绍的时候，客户后来也没有再提起，你也不要再提起了。有可能客户之前提出抗拒，只是想证明他不是那么好糊弄的，也许这些抗拒点其实是无所谓的。

4. 转换话题，转移客户注意力

当客户提出抗拒时，转换话题不失为一个好办法，谈一会儿后再回到成交的话题上。这可以调整客户抗拒的情绪，使沟通能够进行下去。但不要扯太远，抓住时机立即回原来的主题上。比如："你太有眼光了！另外还有一点……""这倒是真的，但还有一事……"

5. 将客户抗拒变成卖点

针对客户提出抗拒的理由，如果你反应够快的话，可以巧妙地把它变成产品的优点，把抗拒点变成购买的理由。比如，客户认为你的价格是最贵的，你就可以针对这一抗拒点进行分析：我们产品价格高的原因是质量好，同样一个商品别人用的是便宜料，我们用的是最好的，而其他产品你买回家用不了几天就坏了。

再举一例：客户不想参加演讲培训，因为他不想被请上台演讲。培训师认为这正是他应该参加培训的理由。很少被请上台演讲——正像他所承认的——是因为他缺乏当众讲话的能力，但当他参加过演讲培训以后，就会成为优秀的演说家，那他再也不用担心面对全体员工演讲了。

6. 用其他方面进行补偿

如果客户抗拒某个问题，而你又不想在该问题上让步，就可以在其他方面给予客户更多的优惠，以消除客户的抗拒。例如，客户认为房子的价格不贵，但离市中心有点远。销售员可以说："是的，虽然这套房子离市中心有些远，但它的面积够大，居住环境也非常优雅，并且价格也很低，是一个不错的选择！"

7. 提供资料以解答反对理由

对客户提出的抗拒点，有时候不需要费尽口舌去理论，你拿出一份确凿的证据，如老客户的感谢信、专家评断等，也可以讲述一个故事，越是生活化的越具有说服力。你要向客户说明真实的情况，以消除他的抗拒。

8. 让客户回答自己的反对理由

有时候，客户提出抗拒点，只是因为他在家里没人陪他说话，他只是想有人听他说说话而已。就像有人说的那样："许多人宁愿你静听他们的意见，而不要你回答他们的问题。"因此，你可以引导他继续说下去，一旦他满足了自己的表达欲望，心情就会平静下来。比如，你可以说："我觉得您的经历真是太丰富了，你刚说的到底是怎么回事呢？"或是，你可以直截了当地问："您怎么会有这样的想法呢？"假如客户的反对意见不符合逻辑，或他自己对这件商品也不是很懂，意见不是很正确，此时，他一般会坚持自己的说法，然后就会觉得这不是很重要。要让客户回答自己的反对理由，销售人员要有耐心，并提出引导性的建议，就会达到预期的效果。

测试成交：假如……你愿意成交吗

许多销售人员把握不好与客户沟通时如何说服客户、促成交易。促成交易需要掌握哪些技巧？

测试成交法就是引导顾客往成交的意向方面谈，比如：假如……你愿意成交吗？以这样的方式去询问顾客还有什么意见，设想使用这件商品后能给顾客带来无限的物质和精神上的享受。

的确，那些经验丰富的销售人员都明白，即使是在谈成生意的时候，自己往往也很难完全消除与客户间存在的分歧。能够促成交易，不是由于客户在整个销售活动中都同意你的说法，而是因为你能够让客户同意与自己进行合作而已。

沟通的过程其实就是说服客户愿意接受产品、愿意与你进行合作的过程。你必须注意：在这一过程中，自己的所有话语都应该围绕着"说服"这个词展开。其实就是通过你的热情、真诚的态度以及足够的专业能力和高超的销售技巧，让客户对你销售的产品产生一定程度的认同。在这个时候，你会听到客户发出许多反对、拒绝、抱怨的声音，每当听到这些话语时，有的销售人员早已忘记了说服所具有的无穷魅力，而把与客户争论当成说服客户的一种方法。结果呢？除了失败，没有其他的结局了。

的确，客户从来不会和与自己发生争论的销售人员达成任何交易，即使是买一双一百多块钱的鞋子。不管争论的原因和焦点是什么，客户都会认为销售人员与自己没完没了地争论，说明对方根本没把自己当一回事。与客户发生争论的销售人员，忽略了客户渴望被尊重、被关心、被理解的情感需求。在与客户沟通的过程当中，你千万不要把争论当成说服的武器。

测试成交法是一旦发现客户所说的话哪里有空隙，立即抓住，来促使洽谈取得成功。这种成交方法对成交有很大的好处。

如果客户说:"看来你的电动车还不错,价格也实惠,但是我希望能够购买到一辆经济实惠、款式时尚、安全性能高的电动车,你这里没有这样的产品。"

这时,你可以马上接过客户的话:"那好,假如我给你推荐另一款满足你需求的电动车,并且价格同样实惠,你会立刻购买吗?"

一步步地解决顾客提出的问题,尽量围绕着顾客的问题展开是测试成交法的核心原则。

测试成交法的关键是将产品的用途、功能、好处进行演示,令客户信服,增强客户对产品的信任感。

有些客户在购买商品的时候左看右想,任凭销售人员说破了嘴,他也不相信销售人员所说的每一句话,遇到这种情况,可以列举大量的事实依据令客户信服。

> 客户:"虽然你们公司在我们这里还算有点影响力,可是你们公司的这款豆浆机在细节上还有很多问题,并不像你所说的那么有实力呀。"
>
> 销售人员:"我知道您是这方面的专家,您也许知道,我们公司在全国各地都有着良好的口碑,这是靠真正的产品实力得到的。就像您说的,我们公司在全国的影响力是多年来的产品和服务质量的最好说明和保证。关于您说的产品细节方面的问题,您尽可以提出来,我一定会提供令您满意的解决方案。"
>
> 客户:"我所说的细节性问题有很多,比如你拿来的这个豆浆机样品上面就有一些划痕,这大大影响了产品的美观,让别人看看我买的豆浆机,还以为我买的是处理产品呢。"
>
> 销售人员:"您说的是这个问题呀。对不起,这是我的疏忽,没能提前为您解释清楚。当然,我拿来的只是样品,就是为了让您对我们的产品有个更充分的了解,我总是拿着它向大家介绍这

是一个怎样的豆浆机，由于经常移动和试用，才有了一点划痕。不过，如果您向我们订购产品，您大可放心，绝对不会出现这种情况，而且如果由于运输过程中造成产品出现瑕疵，我们公司也会承担全部责任。"

客户："看看，这个豆浆机还有一些问题……"

销售人员："您真是个有心的人，您提出的这些问题以前很少有客户提出过，这些问题对于我们有效改进工作，具有非常重要的作用。您看这样好不好，我把您提出的问题全部写到订单上，让生产部门按照您的要求进行有效处理，这样的话，在交货期限之内您一定可以看到完全符合您需要的产品。那么，如果我把您对产品的所有意见都解决了，您会现在就买一个豆浆机吗？"

成交，就在这一刻。这位不停挑毛病的客户一定高兴地掏钱买了一台豆浆机。

理解+解释：先理解客户，后提供方案

在我的课堂上曾经有一位销售员，他刚开始做销售的时候，业绩是全公司最差劲的。领导找他谈话，他却有一肚子理由，总是能找出一些借口。他从没意识到自己在找借口的同时，已经变得相当消极了。

现在的他却不同往日。说起他的转变也很有意思。半年前他来听了我一次课，他后来打电话告诉我，是我给了他很大的启发，因为他记住了我在课堂上说过的一句话："要让人生更加精彩，要努力才能有好运。"从此，"要努力才能有好运"深深地刻在了他的脑海中，每当他遭遇失败，心情低落的时候，都会想起我的那句话，并暗暗给自己鼓劲。他坚信，只要有付出就一定会有回报。

的确，即使你是最优秀的销售人员，也会遭到很多客户的拒绝。但是，从现在开始，如果有客户再对你说"我没时间""没兴趣""没钱""不想和你谈"，等等，你可以胸有成竹地与对方交流了，并且能够巧妙应对客户的拒绝。方法如下：

> 当客户说"我没时间"时，你的应对话语是这样的："我理解您，我也总是觉得时间很紧。不过，只耽误您几分钟时间，您就会认为这对您绝对是件重要的事情……"
>
> 当客户说"我现在没空"时，你就应该说："美国石油大王洛克菲勒说过，每个月花一天时间在钱上好好盘算，要比整整三十天都工作来得重要。我只占用您二十分钟的时间，麻烦您选个您方便的时间。我17号和18号都会在贵公司附近处理一些事情，所以可以在17号上午或者18号下午来拜访您。"

当客户说"我没兴趣"时，你应该说："我完全理解您现在的心情，对一个只谈过几次话的、并不怎么熟悉的人，您当然不可能马上产生兴趣，有疑虑、有问题是十分合理的，让我为您解释一下吧，12 号还是 13 号合适呢？"

当客户说"请你把资料寄过来给我"时，你应该说："因为我们的资料都是经过精心设计的纲要和草案，必须配合人员的说明，而且要对每一位客户分别按个人情况进行说明，也就是量体裁衣，因此，最好是我星期三或者星期四过去拜访您。您看是上午还是下午比较好？"

当客户说"抱歉，我没有钱"时，你应该说："我知道只有您最了解自己的经济状况。不过，现在搞个全盘规划，对将来才会最有利。我可以在明天或者后天过来拜访您吗？"或者说："我们都知道，要风有风要雨有雨的人毕竟不多，正因为这样，我们现在开始选一种方法，用最少的资金创造最大的利润，这不是对未来的最好保障吗？在这方面，我愿意尽一己之力，可不可以下星期五或者周末来拜访您呢？"

当客户说"目前还无法确定我们的业务究竟向哪个方向发展"时，你应该说："我们很关心贵公司这项业务日后的发展，您先浏览一下，看看我们的供货方案优点在哪里，是不是可行。您看明天还是后天约个时间见一下吧？"

当客户说"要做决定的话，我得先跟董事会的人谈谈"时，你应该说："我完全理解，您觉得我们什么时候可以跟您坐下来一起谈谈？"

当客户说"我们会再跟你联络"时，你应该说："我知道您现在不会有什么太大的意愿，但是，我还是很乐意跟您见一面，参与这个项目，会对您大有好处。"

当客户说"说来说去，还是要卖东西给我"时，你应该说："我的确是很想销售东西给您的，不过，如果能带给您最大的价值时,我才会决定卖给您。对于这一点,我们要不要一起坐下来谈谈?您觉得我是明天还是后天过来看您比较好?"

当客户说"我要先好好想想"时,你应该说:"其中的许多条款我们已经当面沟通过三次了,容我直率地问一问:您还有什么不放心的?"

当然,客户拒绝的理由远远不止上面几条,限于版面,无法全部列举出来。但是,应对的方法其实大体一样,那就是"理解+解释",先理解客户,后提供方案,即要把拒绝转化为肯定,让客户拒绝的意愿动摇,从而使客户接受自己的推销。

继续成交：当客户认同你的解释就可要求他成交

如果你已经引起了客户极大的购买兴趣，此时离成交只有一步之遥了，但许多失败也往往出现在这个时刻。不要再犹豫，也不要觉得脸上没面子，这是要求成交的最佳时机。

下面总结出四种要求成交的方法：

1. 顺水推舟法

有一位推销包装封口机的销售人员走进一家规模较大的超市，向老板展示了机器的种种功能。

> "看，这台机器是不是很实用呢？"销售人员问。
>
> "经你这么一说，看起来是有点。"
>
> "这是不错的封口机，可以让你的顾客节省很多排队等待的时间，对吧？"
>
> "也许吧。"
>
> "那你应该考虑买一台呀。"
>
> 超市老板说道："你光顾着向我展示了，也没有开口要求我买呀。"

当你与客户有了良好的沟通，并且客户也有了购买意向时，别再犹豫，直接要求他成交："那我把机器留在这里，或者另外让公司给您发货，签单吧。"

2. 假定客户已经要购买

这个成交方法就是"假定客户已经要购买"，当你与客户进行交流时，谈话的内容完全是成交之后的事宜。

> 有一位保险销售人员，从企业名录上查到一家大型企业的地址及老板电话。他并没有事先预约，就直接过去拜访了，老板的秘书想拦住他，他谎称已经和老板联系好了，一脚闯进了老板的办公室。因为他知道老板经常出差旅行，最需要的就是意外险和寿险，于是就对老板说："您也许知道，这种保险的额度比较高，我想给您优惠点，可是得回去先跟公司说明一下情况，然后我们后天到医院做个体检，您现在先把单子签了吧，我也好有理由回去说。"

这位保险销售员没有问老板需不需要，直接想和他一起去做体检，这就是"假定客户已经要购买"的成交方法。

> 有一家位于市中心的超市急需20吨蔬菜，于是联络了四家供应商，看看哪一家能在最短时间将蔬菜送来。
> 前三家的答复分别是："我们会在明天上午送到。""现在市内正是堵车的时间，但我们会想办法尽快送到。""放心，没问题，我们会在第一时间内送到。"，而第四家供应商的答复是："请告诉我们送货的地址。"

哪一家供应商会获得这笔订单？很显然是第四家。

这个"假定客户已经要购买"法，是使生意成功的有效方式。应该注意的是，需要销售人员具备超强的自信心，才能顺利地促成交易。

3. 选择法

有一个在早餐店工作的小伙，上班的第一天就让早餐店有了超过以前的赢利。对于每一个走进来的顾客，他都会问"你要三个鸡蛋还是两个鸡蛋"。这看起来像是在跟顾客商量，其实，不管你选择哪一样，都会让他赚钱的。

如果你问顾客"你要不要买",有的顾客就会说"不要"。如果使用选择法就不会出现这种被拒绝的情况了,让顾客在你给出的选择中做决定。他会觉得你的建议是正确的,是为他着想的。

所以,与其问"你要不要买",还不如问客户"你想付现金还是刷卡""这有三种机型,你想买哪一种""这两件,你比较喜欢哪一件"。巧妙运用选择法,能够促使顾客尽快成交。

4. 机会法

其实,与电商利用节假日促销一样,销售人员也可以利用顾客的消费心理,让他们觉得趁着现在降价的机会,可以省下很多钱。

每年到了"双11",无论是电商平台,还是商场的商家,都会利用这个购物节日,推出无数种打折销售的促销方案。可以说,强大的打折优惠,对于一些消费者来说,无疑是抢购的大好机会。而商家正是利用这种消费心理,创造了前所未有的销售业绩!

值得一提的是,成交是销售中最关键的环节,当你利用以上四种成交法时,一定要在客户认同你的解释后,要求他做出成交决定;否则,到不了成交的时候,他可能很快就打退堂鼓了,说不定会掉头就走,那你可就白白浪费了半天时间,这时再想留住这个客户就很难了。

后记

经过很长时间,《快演讲:四步成就演讲奇迹》终于完稿了。虽不敢说呕心沥血,却也是勤奋耕耘不敢懈怠。这就是我——一个演说行业后起之秀的肺腑之言。

之所以会把演说看得比自己的生命还重要,是因为心中一直有这样一个梦想:我要成为这个世界上最伟大的演说家。因此,我每天都以最伟大的演说家的标准来要求自己。尽管前方的路不会平坦、不会一马平川,但既然我来到这个世界上,就要有一份属于自己的梦想,并且能够帮助那些和我怀有同样梦想的人,一起实现成为伟大的演说家的梦想。我每天神采奕奕地面对来到我培训场地的学员,努力给他们一个气宇轩昂、容光焕发的样子,和他们一起化腐朽为神奇,化不可能为可能,相信自己具有超强的演讲说服能力,相信自己的时间管理做得非常好,相信自己是最棒的、是独一无二的。

在此,我把这本《快演讲:四步成就演讲奇迹》奉献到大家面前,这是我从事演说行业以来的心得体会,当然也包括我的一些经历。在这本书中,您可以感受到我对演讲已经付出了全部的爱,我的生命就是一场演说。希望那些身怀演说家梦想的人把自己当成魔术师,当成超级明星,以传神的眼神、优美的肢体动作、自然丰富的表情,像行云流水、山泉叮咚、万马奔腾、蛟龙出海一样去成就自己、感染他人。

明天，我和所有有志于改变自己、想成为伟大演说家的人，都能够实现梦想。我们的爱会传递给每一个人。

附录

一、常用的演说语录

1.演说不是蜜,却可以黏住身边的一切。

演说不是酒,却可以让人心回味无穷。

2.要想当总裁,必须征服舞台。

要想当好董事长,必须学会演讲。

要想当上总统,必须拿起话筒。

要想做好领导,上舞台你要趁早!

3.语言,是全世界最有力量的武器。

舌头,是最能帮你完成梦想的工具。

学会表达,将令你产生百倍自信。

4.演讲讲究真、善、美:

真,真感情就是好文章,真实、有效;

善,善用故事、比喻、幽默,善待听众,一切从听众角度出发,讲听众有需求的话;

美,心灵美、语言美、形式美,创造美好的画面感!

5.让伟大的思想不再沉默,让说话的价值放大百倍!

得之太易者必不受珍惜,唯有付出代价万物始有价值。

6.21世纪,领导人最宝贵的就是时间,而倍增时间的唯一法门就是运用公众演说。公众演说就是一对多的沟通,公众演说就是一对多的说服,公众演说就是一对多的谈判,公众演说就是一对多的行销。任何人终其一生的追求就是影响力,运用公众演说可以放大我们的影响力。所有伟大领袖，都在运用公众演说，创造事业的辉煌，生命的奇迹！

7. 没有口才能成才，有了口才变帅才。

8. 良言一句三冬暖，恶语伤人六月寒。

9. 这个世界上只有投资大脑、投资学习才能稳赚不赔。

10. 演说是一个感召的过程，生命是一场感召的游戏。

11. 演讲是一门艺术，用声音传递思想，用思想创造奇迹。

12. 不要在乎你在台上的样子，只要在乎你能不能把自己点燃。

13. 拳头能打断一个人的肋骨，语言能穿透一个人的灵魂。

14. 语言是把双刃剑：向上向善就普度众生，向下向恶就谋财害命。

15. 小心你的语言，它会成为你的预言！我的人生是我说出来的。

16. 演讲就是讲故事，全世界最好的故事就是属于你自己的故事。

17. 演说的最高境界就是一致性：说自己所做，做自己所说。

18.21 世纪每个人必备的能力：领导力、销售能力、公众演说能力。

19. 雄辩的口才，比准确的子弹更有力；弹无虚发的子弹，敌不过锐利如刀的口才。

20. 演讲不仅是一种表达思想、与他人沟通的有用工具，同时也是一种思维的训练。

21. 演讲打造个人魅力，提升无形价值，创造有形财富。

22. 有两种事应该尽量少干，一是用自己的嘴干扰别人的人生，二是靠别人的脑子思考自己的人生。

23. 当你的话不值钱的时候，尽量少说，因为说再多也是废话；当你的话值钱的时候，别说太多，因为说多了会贬值。

24. 语言在表达爱时显得苍白无力，在伤害人时字字如刀。语言是门艺术，源于生活亦高于生活。

25. 演讲是一项隐形的生产力，是当代人不可或缺的一项本领。老板会演讲是让企业业绩翻倍的秘诀。

26. 演讲无处不在，一次成功的演讲可能会带给你一次升职的机会、一次成功的交易、一次相逢的缘分。

27. 不会公众演说，您就会人微言轻，公众场合没人关注你，自然没有人与你进行项目合作。

28. 演说是建立影响力的有效途径。不管一个人多有钱，走到最后，人们关注的是影响力。

29. 思想的浅薄让我们的语言变得粗俗而有失精准；而语言的随意凌乱，又使我们更易于产生浅薄的思想。

30. 从古至今，但凡风云人物必有口才，一言之辩重于九鼎之宝，三寸之舌强于百万之师：刘邦三句精言遂定大汉帝国，诸葛亮舌战群儒始有天下三分。所有的一切无不验证了一点：向公众演讲的能力非常重要。

31. 演说创造奇迹，语言成就人生。

32. 老板是企业最直接的形象、最有效的代言人。老板形象决定着企业形象。总裁的影响力决定着企业的影响力。

33. 每次成长都是为了遇见更好的自己，每次演讲都是为了影响更多的生命。用公众演说的力量放大影响力、倍增财富，是每位领袖的必修课。

34. 有人说，要超越别人，你必须有即兴演讲的本领，不管是一对一的交谈，还是面向一个群体的讲话，其实都是在做一个有说服力的和容易让人信服的报告。

35. 演说就是一项个人技能，是可以通过训练而提升的；演说也是传递信息的一种方式，是可以被设计的；演说是一种行销，要么销售观念、思想，要么销售一种产品。

36. 无论多么优秀的产品，都需要一场好的介绍将它呈现在众人面前；无论多么优秀的人才，都需要介绍和表达，才不会轻易埋没在人群中；演讲越精彩，给客户和同事留下的印象也就越深。

37. 一个不会演讲、不会在公众面前表达、不会做推销的老板绝对失去了最大的竞争优势，所以训练很多老板可以站在舞台上这就是最大收获，做销售一定要学会演讲。

38. 如果有一天神秘莫测的天意将从这里把我的全部天赋和能力夺走，而只给我选择其中一样保留的机会，我将会毫不犹豫地要求将口才留下，如此一来我将能够快速恢复其余。

39.在真正的口才遭到歧视的社会里，浮夸的空谈、伪善的语言以及鄙俗的饶舌就会泛滥成灾。无论在古代还是在当代，演讲都是一种最有力的杠杆。

40.语言作为工具，对于我们之重要，正如骏马对骑士的重要。最好的骏马适合最好的骑士，最好的语言适合最好的思想。

41.可与言而不与之言，失人；不可与言而与之言，失言。知者不失人，亦不失言。

42.如果让我重进大学，我将修好两门课：演讲和说服。

43.简洁的语言是智慧的灵魂，冗长的语言是肤浅的藻饰。

44.说话和事业的进展有很大的关系，是一个人力量的主要体现。

45.你能面对多少人，未来就有多大的成就。

46.不会教育员工的领导充其量就是一个监工。

47.要开化人的知识，感动人的思想，非演讲不可。

二、常用的销售语录

1.作为一名销售人员，业绩才是说话的资本。

2.作为一个为别人打工的人，你的老板不听道理、不听过程，只听结果。

3.顾客是最好的老师，同行是最好的榜样，市场是最好的学堂。取众人之长，才能长于众人。

4.和正能量的人在一起，你每天都会激情满满。对销售人员而言，激情很重要。

5.服务客户才是真正与客户成交的开始。

6.生命即关系，关系在于互动。

7.没有成果，年轻就不是你的资本。

8.做销售，就要拥有强大的信念、决心和企图心。

9.你的服务能力决定引流的多少，要想方设法提高说服力，让客户为你埋单。

10.不要问别人成功的秘诀是什么，要问自己不成功的借口是什么。

11. 八小时之内求生存，八小时之外求发展。

12. 让我们的成交像呼吸一样简单。

13. 销售的最高境界不是满足客户需求，而是创造客户需求。

14. 最好的客户都在同行那里。

15. 销售＝帮助，销售是为了更好地帮助客户。

16. 在对待客户上，很多销售人员与客户的关系一般停留在只谈恋爱不结婚。

17. 做个自信的销售人员，要放高姿态，销售自己、销售未来。

18. 最好的销售给客户传递这样的感觉：无比相信我们这个行业，无比相信我们能为客户创造价值。

19. 量是收单的前提，却不是收单的结果。只有量与质的结合才是收单的关键结果。

20. 信赖感大于实力。销售的97%都在建立信赖感，3%在成交。

21. 拒绝是成交的开始。销售就是零存整取的游戏，顾客每一次的拒绝都是在为你存钱。

22. 销售是信心的传递、情绪的转移、体力的说服；谈判是决心的较量；成交是意志力的体现。

23. 顾客买的不仅是产品本身，而是产品的好处及额外的服务。

24. 销售等于收入。这个世界上所有的成功都是销售的成功。当你学会了销售的本领时，你就成功了。

25. 没有卖不出的产品，只有卖不出产品的人；没有劈不开的柴，只是斧头不够快；不是市场不景气，而是脑袋不争气。

26. 一流推销员卖自己，二流推销员卖服务，三流推销员卖产品，四流推销员卖价格。

27. 有些人随时随地都在销售，他们已把销售变成一种习惯。成长永远比成功重要，你可以不在销售中成交，但你不可以不在销售中成长。

28. 只有找到了与顾客的共同点，才可能与他建立关系。销售就是建立关系，建立人脉。

29. 顾客买得更多的是种感觉——被尊重、被认同、放心。

30. 因为熟练，所以专业；因为专业，所以极致。只有专业才能成为专家，只有专家才能成为赢家。任何顾客都不会和业余选手玩，因为他们深知业余没有好结果。顾客永远只相信专家，专家代表权威和被信任。

31. 推销产品要针对顾客的心，不要针对顾客的头。

32. 使用双手的是劳工，使用双手和头脑的是舵手，使用双手、头脑与心灵的是艺术家，只有同时使用双手、头脑、心灵再加上双脚的才是推销员。

33. 销售是世界上最有保障的工作。

34. 销售可以成就你的事业。

35. 要想让客户记住你，你得先记住你的客户；要想让客户想着你，你得总是想着你的客户；要想让客户帮助你，你得总是帮助你的客户。

36. 销售就是做人，销售业绩的多少取决于你做人的成败。

37. 如果你一直觉得自己在后面，那么你肯定一直在向前看；如果你一直觉得自己在前面，那么你肯定一直在向后看，目光决定不了位置，但位置却永远因为目光而不同。

38. 销售经理的工作是创造英雄，而不是自己做英雄。

39. 销售专业中最重要的字就是"问"。

40. 销售世界中第一号的产品不是汽车，而是自己。在你成功地把自己推销给别人之前，你必须百分之百地把自己推销给自己。

41. 80%的机会都是"争取"来的。

在职场打拼的你是否有实力脱颖而出，赢得赏识？

80%的业绩都是"谈"出来的！

坐在谈判桌前的你是否有魄力独当一面，签下百万大单？

80%的人才都是"感召"来的！

身处管理层的你是否有能力影响员工、树立威信、建立团队？

80%的投资都是"吸引"来的！

创业起步的你是否有魅力拓展人脉、聚拢资源，为己所用？

搞事业，第一要胆识，第二要口才！

管员工，第一要智慧，第二要口才！

谈业务，第一要人脉，第二要口才！

42.广告解决知道问题，公关解决喜欢问题，销售解决购买问题，品质解决忠诚问题。由浅至深：我知道、我喜欢、我购买、我忠诚。这四个步骤总结起来就是——我相信：知道是相信的开始，喜欢是相信的加深，购买是相信的行动，忠诚是相信的持续。

43.员工到公司来无非为了两样东西，一是赚钱，二是成长！员工离职的原因只有两个，要么是钱不到位，要么是干得不开心！员工的执行力不行只有两个原因，要么是领导无能，要么是制度无能！

44.销售是信心的传递，情绪的转移。

45.真正的销售高手都是业务高手。

46.销售三境界：

（1）围人：能将顾客围住，并死缠烂打，初步具备接近顾客、推介购买的能力；

（2）维人：建立长期稳定的关系，这不是简单的买卖关系，而是朋友、伙伴关系；

（3）为人：不只是把产品卖出去，同时把自己也销售出去。

三、常用的智慧语录

1.世界没有变，变的是你的心；行业没有乱，乱的是你的心；市场没有不景气，不景气的是你的思想；员工没有不给力，不给力的是你的思想。

2.很有道理的四句话：

泥泞路上的奔驰，永远跑不过高速路上的夏利。说明平台很重要。

男人再优秀，没女人也就没有下一代。说明合作很重要。

恶虎架不住群狼。说明团队很重要。

你拥有再大再多的水桶，也不如有一个水龙头。说明渠道很重要。

3.如果天空是黑暗的，那就摸黑生存；如果发出声音是危险的，那就保持沉默；如果自觉无力发光，那就蜷伏于墙角。但不要习惯了黑暗就为黑暗辩护，不要为自己的苟且而得意，不要嘲讽那些比自己更勇敢热情的人们。

我们可以卑微如尘土，不可扭曲如蛆虫。

4.带团队是一场暗恋，你费尽心思去爱一群人，结果却只感动了自己。

管理是一场苦恋，费心爱的那一群人，总会有人离你而去。

销售又是一场单恋，客户虐我千百遍，我待客户如初恋。

你若不离不弃，我便点灯相依；你若自我放弃，我也无能为力。不求尽如人意，但求无愧我心。

5.站在顶峰，有多少人仰望你；落在低谷，有多人贬低你；利益吸引，有多人追随你；好处断尽，有多少人抛弃你。到最适合的地方，做最强的自己。

6.学习不能改变你的起点，但一定可以改变你的终点。

正因为你没时间学习，你才越来越忙；正因为你没钱学习，你才一直贫穷；正因为你不屑于学习，你才突破不了；正因为你总怕上当，你才一直拒绝机会。

7.使用自己叫能力，借助他人叫智慧。

8.没有观世界，如何谈世界观。

9.群处时，守住嘴；独处时，守住心。

10.为什么人会自卑？因为人都渴望得到更好的。

11.没有完不成的目标，只有不合理的期限。

12.不懂时，别乱说；懂得时，别多说；心乱时，慢慢说；没话时，就别说。

13.如果每个人都理解你，你得普通成什么样？

14.人一辈子只有两个追求：一个是有钱，一个是值钱。有钱的不一定值钱，但值钱的人一定有钱。

15.现在的我没有什么，但你要看到我的未来,我的未来是不可估量的。

16.赢在别人休息的时候，每天坚持朗读，让习惯成为行为。

17.你必须让自己更加强大，才会吸引更多的人。你成长了，才会震撼住别人的眼球。

18. 所有问题都不是问题，随着时间的推移，一切都可以搞定，都会朝着好的方向发展。

19. 你现在的生活也许不是你想要的，但绝对是你自找的。世界上100%的抱怨都可以用这句话来回答。

20. 人生中的困境，就像未完成的功课，只有通过自我摸索与自我学习，才能突破与跃进。

21. "如果你是对的，你没必要发脾气；如果你是错的，你没资格去发脾气。"这才是真正的智慧。

22. 领导人的价值就是为团队创造价值。

23. 无论你有多好的天赋，一个"懒"字足以让一切的能耐报废；无论你有多好的前程，一个"贪"字足以令一切美梦都变成浮云。

24. 你过得太闲，才有时间执着于无意义的事情，才有时间无病呻吟。你看那些忙碌的人，他们的时间都花在努力上。

25. 引路靠贵人，走路靠自己，成长靠学习，成就靠团队。奔跑的人生，不在于瞬间的爆发，而在于途中的持续。

26. 越是有成就的人，说话做事越是让人感觉舒服。你让别人舒服的程度决定你成功的高度。拥有谦卑的姿态、平和的心态，善于与人沟通，同时保持高贵的心灵，这是做人做事不断取得进步的素养。

27. 大多数人长不大，就像树一样。无数人都一心往上长，从来不往下长，结果上面不断长，下面没有扎根，如水中浮萍。只有根深蒂固，上面不用规划，它也在不断地生长，所以永远不要让你的知名度大于实力。

28. 不论多么富有，多么有权势，当生命结束之时，所有的一切都只能留在世界上，唯有灵魂跟着你走下一段旅程。人生不是一场物质的盛宴，而是一次灵魂的修炼，使它在谢幕之时比开幕之初更为高尚。

29. 健身与读书，是世界上成本最低的升值方式；而懒，是你成功路上最大的敌人。

30. 信任就像一张纸，皱了，即使抚平，也恢复不了原样。不要去欺骗别人，因为你能骗到的都是相信你的人。最好的感恩就是不辜负。

31.宁愿花时间去修炼不完美的自己，也不浪费时间去期待完美的别人。

32.别太理会人家背后怎么说你，因为那些比你强的人根本懒得提起你。诋毁，本身就是一种仰望。

33.所谓门槛，跨过去就是门，没有跨过去就是槛。要知道，真正的难关比这大过千百倍，小处都克服不了，人生如何能成功呢？

34.鸡蛋，从外打破是食物，从内打破是生命。人生亦是，从外打破是压力，从内打破是成长。如果你等待别人从外打破你，那么你注定成为别人的食物。

35.弱者才习惯把自己不能坚守而被现实磨灭的梦想，当成世界欺骗自己的证据。而强者，却把自己的梦想熬成了别人眼里的鸡汤。

36.你多学一样本事，就少说一句求人的话。没有人能打倒你，除了你自己，你要学会捂上自己的耳朵，不去听那些嘈杂的声音。这个世界上没有不苦的人，真正能治愈自己的，只有你自己。

37.撑不住的时候，可以对自己说声"我好累"，但永远不要在心里承认"我不行"。不要在最该奋斗的年纪选择安逸。没什么好说的，一无所有就是奋斗的理由，我们试着长大，一路跌跌撞撞，然后遍体鳞伤，总有一天，你会站在最亮的地方，活成自己渴望的模样。

38.男人再帅，扛不起责任，照样是废物；女人再美，自己不奋斗，照样是摆设。人生就要活得漂亮。无论你是谁，宁可做拼搏的失败者，也不要做安于现状的平凡人。造船的目的不是停在港湾，做人的目的不是窝在家里。人生就像舞台，不到谢幕，永远不会知道自己有多精彩。

39.训不走的员工，值得培养，抗压能力强的员工，值得重用。没能力、有脾气、说不得的员工，不堪重用。管理，严是爱。对你高要求的领导，会让你变成超人；什么都放任你的领导，一年都不会给你多大进步。焦点别放在赚钱上，要放在值钱上。挣钱，是你追着钱跑；值钱，是钱追着你跑。

40.赛车最佳的地方是弯道；人与人最大的不同就是脖子以上的不同。

观念和思维的改变决定你行动的方向。我们每个人都有8小时的工作时间，不同的是，8小时以外有的人还在学习和劳动。劳动创造价值，分享也是一种劳动。

41. 好习惯是令人欣赏的，比如每天按时跑步、每晚坚持读书，抑或每顿早餐喝一杯牛奶。这种习惯可大可小，但它表明了一种清洁性自律，也表达了对生活的一种偏执，慢慢地它使人的生命质地有了不同。

42. 这个时代缺的不是聪明，而是专注。如果你没有专注力，做什么事都只是蜻蜓点水，纵使你再聪明，也很难做成什么像样的事情。

43. 公司只有老板脑袋转，员工不转，结果公司离开老板就玩不转。

如果老板想轻松，想身心解放，就必须得让你的员工脑袋转起来，把员工的潜能开发出来。

44. 你不快乐的原因是：既无法忍受目前的状态，又有没有能力改变一切；可以像猪一样懒，却无法像猪一样懒得心安理得；间歇性踌躇满志，持续性懒惰等死。

45. 每个创业的人其实都是竹子。在初涉这个行业的时候，就像一棵笋，有了阳光雨露，就会成长。但是，靠一时的努力不见得就能铸就成功，随时可能会陷入生长停滞期。这时候，就要心平气和，努力扩展自己的"根"，等待突然爆发的一天……

46. 人生就是道场，内心就是信仰，灵魂就是图腾。你把内心修成什么样，你就会拥有什么样的人生。别总说命运在上天手里，其实你一出生，上天就把一半的命运交给了你。你所说的每一句话、你所做的每一件事，都是在积累你的生命价值，只不过，有的人是叠加，而有的人却是递减。

47. 与凤凰同飞，必非凡鸟；与虎狼同行，必是猛兽。你能走多远，看你与谁同行。人抬人抬出伟人，僧抬僧抬出高僧。你把身边的人都看成宝，你被宝包围着，你就是"聚宝盆"；你把身边的人都看成草，你被草包围着，你就是草包。人生，就是要懂得放大别人的优点，欣赏别人的长处，才能相互协作，相互支持，相互成长，价值共赢。

48. 世上大概有两种人，一种人毕生致力于拥有，另一种人毕生致力于有所作为。一心渴望拥有，一旦没达到目的，就会失落、痛苦和绝望。心无旁骛，专心于事业的追求，就会忘掉许多烦恼，找到许多努力过程中的快乐。默默耕耘的人其实是最智慧的人。

49.逼着你往前走的，不是前方梦想的微弱光芒，而是身后现实的万丈深渊。

50.你学过的每一样东西，你遭受的每一次苦难，都会在你一生中的某个时候派上用场。